W0189732

Elmar Egold

Haben Sie mal eine Minute?

IMPULSE für ein leichteres Leben

TRIGA – Der Verlag

Bibliografische Information der Deutschen Nationalbibliothek
Die Deutsche Nationalbibliothek verzeichnet diese Publikation in der
Deutschen Nationalbibliografie;
detaillierte bibliografische Daten sind im Internet über
http://dnb.d-nb.de abrufbar.

Alle in diesem Buch formulierten Impulse, Tipps und Anregungen wurden
sorgfältig geprüft und in bester Absicht gegeben. Eine Garantie für den Erfolg
bei der Anwendung leitet sich daraus nicht ab. Ebenso ist die Haftung des
Verfassers bzw. des Verlages und seiner Beauftragten für Personen-,
Sach- und Vermögensschäden ausgeschlossen.

Bildquellen:

Umschlag Vorder- und Rückseite und Seite 173 unter Verwendung
von © Kalle Kolodziej, fotolia.com und © Cobalt, fotolia.com

Seite 13:   © contrastwerkstatt, fotolia.com
Seite 45:   © kichigin19, fotolia.com
Seite 77:   © torsakarin, fotolia.com
Seite 109: © MNStudio, fotolia.com
Seite 141: © Gina Sanders, fotolia.com

2. unveränderte Auflage 2018
© Copyright beim Autor
Alle Rechte vorbehalten
Autor: www.egold-konzept.de, E-Mail: coaching@egold-konzept.de
Buchwebseite: www.haben-sie-mal-eine-minute.de
Lektorat: Ines Balcik, Florstadt, www.ib-klartexte.de
Umschlaggestaltung: Jacques Oerter, Hanau-Steinheim
Satz und Layout: Nadine Gast, Brachttal, www.sawosch-media.de
Vertrieb: TRIGA – Der Verlag UG (haftungsbeschränkt),
GF: Christina Schmitt, Leipziger Straße 2, 63571 Gelnhausen-Roth
www.triga-der-verlag.de, E-Mail: triga@triga-der-verlag.de
Druck: Printfinder
ISBN 978-3-95828-127-1

Für meinen Enkel David,
dem ich von Herzen ein
leichtes und glückliches
Leben wünsche.

Inhaltsverzeichnis

KAPITEL 3: Für ein gelingendes Miteinander

KAPITEL 4: Für Zufriedenheit und Glück

KAPITEL 5: Für Ihre Gesundheit

Einleitung

Nicht mehr als eine Minute soll das Lesen dauern, sonst liest es ja doch niemand. Das war der Grundgedanke, als ich vor Jahren begann, Themen aus meinen Seminaren und Einzelcoachingsitzungen aufzugreifen, sie für meine Coachingkunden in kurzen Texten aufzubereiten und über den E-Mail-Verteiler zu verschicken. Am Anfang stoppte ich sogar die Zeit fürs Lesen. Jeder Text hat immer nur ein Thema zum Inhalt – kurz und knackig auf den Punkt gebracht.

Später veröffentlichte ich Minuten-Texte in verschiedenen Zeitungen und wählte dafür die höfliche Sie-Anrede. „Haben Sie mal eine Minute?", fragte ich meine Leser und lenkte ihr Augenmerk damit auf ein ausgewähltes Thema. Die Texte erwiesen sich als wirkungsvoller als jede aufdringliche Anzeige, mit der ich meine Leistungen hätte anpreisen können. Ihre Inhalte sind so ausgewählt, dass sich sehr viele Menschen angesprochen fühlen. Ein leichteres Leben wünscht sich fast jeder.

Maximal 1.400 Zeichen stehen pro Text zur Verfügung – so war der Deal mit den Zeitungen. Genug, um ein Thema aufzugreifen und hilfreiche Gedankenanstöße dazu zu formulieren und im besten Fall einen Aha-Effekt auszulösen. Zu wenig jedoch, um alle Aspekte einer Thematik genau zu beleuchten und zu vertiefen. Langatmige Ausführungen eines Sachverhalts bleiben Ihnen auf diese Weise erspart. Sie halten keinen psychologischen Ratgeber für alle Lebenslagen und Lebensfragen in der Hand. Betrachten Sie dieses Buch als ein Füllhorn von Impulsen, die zu eigenem Nachdenken anregen. Nicht mehr und nicht weniger.

Für Sie, liebe Leserin, lieber Leser, habe ich nun 150 dieser Impulse ausgesucht und in diesem Buch zusammengefasst. Jede Seite ist ein abgeschlossenes Kapitel, das für sich alleine steht. Deshalb dürfen Sie beim Lesen gerne kreativ sein. Sie könnten das Buch Seite für Seite von vorne nach hinten lesen. Ganz konventionell und solange Sie Lust dazu haben. Sie dürfen es genauso gut von hinten nach vorne lesen oder sich zuerst die Bilder anschauen.

Vielleicht möchten Sie täglich nur eine Seite lesen und sich Zeit nehmen zu spüren, wie dieses Thema Sie anspricht und was es für Sie bedeutet. Lassen Sie sich überraschen, welche Gedanken ein Impuls bei Ihnen auslöst. Mit ein bisschen Glück kommen Sie dabei der Lösung Ihrer eigenen Probleme oder Aufgaben näher.

Sie könnten sich im Inhaltsverzeichnis eine Überschrift aussuchen, die Sie anlacht und Sie zum Lesen des Textes verleitet. Oder Sie schlagen das Buch an einer beliebigen Stelle auf, und weil es keine Zufälle gibt, könnte dies möglicherweise ein deutlicher Hinweis für Sie sein, womit Sie sich einmal näher beschäftigen sollten.

Oder ... – ach, machen Sie es doch, wie Sie wollen! Die Hauptsache ist, das Lesen der Texte tut Ihnen gut und hilft Ihnen ein Stückchen weiter auf Ihrem Weg in ein leichteres Leben.

Elmar Egold, Bad Orb im Juni 2017

KAPITEL 1

Für Ihren guten Umgang mit sich selbst

**Liebe dich selbst
und die anderen können dich gernhaben.**

**„Der kleinste Feind ist wohl,
der dir von außen droht;
Der dir im Busen wohnt,
verursacht größ're Not."**

Andreas Tscherning

Achten Sie Ihre Grenzen

Sie sind ein freier Mensch und können tun und lassen, was Sie möchten. Allerdings: Wenn Sie nicht Ziegen hüten auf der Alm, stecken Sie mitten in der „Zuvielisation": zu viel Konsumangebote, zu viel Informationsflut, zu viel Unrast, zu viel Getriebensein. Unser Turbokapitalismus ist ein erfolgreiches System – wir leben im materiellen Reichtum. Aber wir zahlen einen hohen Preis dafür: Unsere Gesellschaft steht unter enormem Druck. Sie muss permanent zulegen, damit der Wohlstand zumindest so bleiben kann, wie er ist. Das klingt absurd, ist aber leider wahr und bedeutet: Egal wie fleißig und flott Sie in diesem Jahr sind, im nächsten müssen Sie einen Zahn zulegen und eine Schippe obendrauf.

Dummerweise gibt es aber eine Konstante, die sich beim besten Willen nicht steigern lässt: die Zeit. Nach 60 Sekunden ist eine Minute vorbei und nach 24 Stunden der Tag. Unwiderruflich. Also müssen Sie mehr in den Tag reinpacken. Das ist die Krux, denn das heißt: weniger ausruhen, weniger schlafen oder schneller arbeiten – oder alles gleichzeitig. Die Gefahr, dabei auf der Strecke zu bleiben, hängt wie ein Damoklesschwert über Ihnen.

Sie können das System nicht ändern und wahrscheinlich auch nicht auf die Alm flüchten. Bestenfalls im Urlaub. Aber Sie können und müssen jederzeit gut auf sich aufpassen. Achten Sie auf Ihre Grenzen und bleiben Sie dran, ohne auszubrennen.

Achtsamkeit – spüren Sie sich selbst

Seit die Zivilisationskrankheit Burnout als gesellschaftliche Bedrohung erkannt wird, haben Fachleute schnell das Gegenmittel gefunden: Achtsamkeit. Ein wirklich gutes Mittel, wie auch ich finde. Aber was ist das eigentlich?

Achtsamkeit ist nicht zu verwechseln mit der Vorsicht, mit der man zum Beispiel mit wertvollem Porzellan umgeht. Ihre Wurzeln liegen in der buddhistischen Tradition. Gemeint ist eine bestimmte Art der Aufmerksamkeit: ganz bewusst im gegenwärtigen Augenblick handeln, ohne auf spontane innere Bewertungen, Vorlieben oder Abneigungen zu reagieren. Im Alltag bewegen wir uns oft wie ferngesteuert von Programmen, die wir durch Erfahrungen verinnerlicht haben. Das äußert sich dann in inneren Dialogen wie „Das kann ja wieder nur mir passieren", „Typisch Manfred, der weiß immer alles besser" oder „Ich weiß schon, wie das wieder ausgeht".

Achtsamkeit heißt, den vorprogrammierten Autopiloten ausschalten und darauf achten, was Sie gerade erleben. Ungefähr so, als könnten Sie sich wie eine dritte Person neutral beobachten. Ohne emotionale Einmischung, ohne Bewertung, ohne Vorhersage, was daraus wird. Auf diese Weise behalten Sie auch in unangenehmen, emotional stressigen Situationen den Überblick, weil Sie mit Ihren Gedanken, aufsteigenden Gefühlen und Körperempfindungen in Kontakt sind. Üben Sie Achtsamkeit und spüren Sie sich selbst wieder.

Ärgerst du dich noch oder lebst du schon?

Wer will, der findet täglich tausend Dinge, über die man sich ärgern könnte: über unseren Partner oder die Kinder, über die Ungerechtigkeiten des Chefs oder darüber, dass nur eine Kasse im Supermarkt besetzt ist. Aber wir sollten uns eins klarmachen: Jeder Ärger findet immer im eigenen Körper statt. Stresshormone werden freigesetzt, Muskeln spannen sich an, der Blutdruck erhöht sich, die Energiezufuhr wird erhöht, kurz: Wir werden in einen Alarmzustand versetzt. Diese zusätzliche Energie und die Anspannung im Nervensystem werden aber gar nicht wirklich benötigt. Gewichtszunahmen, körperlicher Verschleiß und psychisches Unwohlsein sind die Folgen. Der Volksmund nimmt es mit Humor: „Du kannst dich den ganzen Tag aufregen, aber du bist nicht verpflichtet dazu!"

Mit dieser Grundeinstellung können Sie sich gut die Hälfte Ihres täglichen Ärgers ersparen. Es wäre unrealistisch, von sich selbst zu erwarten, in jeder misslichen Situation kalt wie eine Hundeschnauze zu sein. Es ist in Ordnung, auch einmal emotional zu reagieren, aber sorgen Sie dafür, schnell wieder runterzukommen. Ihr Lohn: Sie leben leichter und gesünder. Und um den Ärger, der dann noch bleibt, sollten Sie sich schnell und konstruktiv kümmern. Dauerhafter Ärger macht krank. Entscheiden Sie sich dafür, sich nur noch dann zu ärgern, wenn es sich lohnt. Entscheiden Sie sich für Ihre Gesundheit!

Der Geist ist willig – das Fleisch ist schwach

Dieser Ausspruch drückt die Hilflosigkeit vieler Menschen aus, negative Verhaltensweisen zu unterdrücken. Willenskraft wird ganz wesentlich von Emotionen gesteuert: entweder Negatives vermeiden oder Angenehmes haben wollen.

Allerdings müssen sie sofort spürbar sein. Was uns irgendwann später wehtut oder erfreut, wirkt in der Gefühlswelt nur schwach. Deshalb ist auch der Warnaufdruck auf der Zigarettenschachtel wirkungslos.

Sind wir deshalb unserem unmittelbaren Verlangen hilflos ausgeliefert? Gott sei Dank nicht, denn es gibt etwas, was stärker ist als alle Verlockungen: klare innere Einstellungen. Zum Beispiel braucht ein überzeugter Vegetarier keine Willenskraft, um dem verlockenden Duft einer Bratwurst zu widerstehen. Oder: Wer Ordnung und Sauberkeit als obere Priorität hat, braucht keine Motivation, um die Wohnung zu putzen.

Mein Tipp: Immer wenn Sie merken, dass Ihr Fleisch schwach wird, schauen Sie sich an, um welches Thema es geht, und prüfen Sie, welche Einstellung Sie dazu haben. Ändern Sie Ihre Haltung oder Ihre Ansprüche, denn niemand verhält sich dauerhaft gegen seine inneren Werte. Wenn Sie wissen, was Sie wollen, dann schauen Sie sich ein „mentales Erfolgsvideo" an, in dem Sie sich genau ausmalen, wie es sein wird, wenn Sie die Früchte Ihrer Willenskraft ernten können. Freuen Sie sich jetzt schon darauf.

Dornröschen, wach auf!

Es ist wie im Märchen: Einige warten heute noch auf den Prinzen, der sie wachküsst und all ihre Träume erfüllt. Die ernüchternde Realität ist: Es wird kein Prinz kommen. Weder auf einem Schimmel noch zu Fuß. Muss er auch gar nicht. Uns kann sowieso niemand etwas abnehmen, selbst wenn er es gut mit uns meinen und sich Mühe geben sollte. Wir müssen unser Leben selbst gestalten und nur wir selbst können dafür sorgen, dass es so wird, wie wir es uns vorstellen. Dazu brauchen wir Eigenschaften wie Selbstverantwortung, Mut oder Selbstvertrauen.

Im Märchen Dornröschen kam der Prinz dann doch. Obwohl erst ganze Heerscharen von Prinzen sich jahrzehntelang die Zähne an der Dornenhecke ausbissen, kam schließlich einer durch. Genau nach hundert Jahren und ganz leicht. Kein Kunststück: Der Bann, den die böse Fee ausgesprochen hatte, war ja auch abgelaufen. Gut also, dass es noch einmal jemand versucht hatte. Im richtigen Leben sollten wir uns lieber nicht darauf verlassen. Unseren Bann hat nämlich keine böse Fee ausgesprochen, höchstens wir selbst. Nur haben wir dies längst vergessen.

Mit welchen Dornenhecken haben Sie sich umgeben? Machen Sie die Augen auf, übernehmen Sie die Verantwortung und entzaubern Sie den Bann. Küssen Sie sich selbst wach, denn Sie haben keine hundert Jahre Zeit zu warten, bis ein Prinz kommt!

19

Entgehen Sie der Grübel-Falle

Haben Sie auch schon einmal erlebt, wie nervenzehrend Grübelei sein kann? Ob kleinere oder größere Probleme: Ständiges Hin- und Herwälzen eines Sachverhalts oder nachträgliches Analysieren bringt keine Lösung. Vielmehr kann solch ein Grübelzustand lähmend sein, einen um den Schlaf bringen und blind machen für den realen Alltag. Denn je mehr sich das Blickfeld nur noch auf ein Problem verengt, umso weniger Aufmerksamkeit bleibt, um spontane Lösungen oder Hilfen von außen zu erkennen und anzunehmen.

Wenn Sie sich das nächste Mal beim Grübeln ertappen, stellen Sie sich folgende Fragen: Was genau ist das Problem? Was kann schlimmstenfalls passieren? Kann ich jetzt aktiv etwas zur Verbesserung der Situation tun? Wenn nein: Wie kann ich mich in Zukunft verhalten, um eine solche Situation zu verhindern? Welche Menschen kann ich um Unterstützung bitten?

Es kann hilfreich sein, sich diese Fragen schriftlich zu beantworten. So wird sicht- und greifbar, dass das Problem nicht unlösbar ist, auch wenn es vielleicht Energie und Zeit braucht. Kreisen Sie gedanklich nicht immer wieder um das Problem, sondern erarbeiten Sie Schritt für Schritt eine Lösung. Und vor allem: Haben Sie Weitsicht und Geduld. Die meisten Lösungen brauchen Zeit, um sich zu entwickeln. Investieren Sie also gezielt in Ihre Zukunft und verlieren Sie sich nicht in Grübelei!

Gönnen Sie sich Nichts

Möchten Sie manchmal nichts mehr hören und sehen? Wer Migräne kennt, weiß, wie dies der Körper erzwingen kann: Da hilft nur noch Ruhe, ein dunkler Raum und keinerlei Sinnesreize mehr. Lassen Sie es erst gar nicht so weit kommen. Wir leben in einer hektischen Zeit und Ruhe gönnen wir uns bestenfalls abends, und dann vor dem Fernseher. Allerdings: Erholen kann sich unser Nervensystem dabei nicht. Nach neuesten Studien der Universität Sydney verengen sich durch die schnelle Folge der Fernsehbilder die Blutgefäße. Führende Hirnforscher heben warnend den Zeigefinger vor übermäßigem Fernsehkonsum.

Ihr Körper braucht Ruhe, um von der Hektik des Alltages wieder runterzukommen. Deshalb mein Tipp: Gönnen Sie sich eine Viertelstunde NICHTS. Jeden Tag. Nichtstun, Nichtwollen, Nichtmüssen, Nichtplanen, Nichtgrübeln. Und wenn Sie nicht NICHTS denken können, denken Sie wenigstens an etwas Schönes. Vielleicht fällt Ihnen dies am Anfang nicht leicht, aber auch hier gilt: Übung macht den Meister. Planen Sie Ihre NICHTS-Zeit regelrecht ein. Machen Sie täglich einen Termin mit Ihrem Nervenkostüm und halten Sie diesen ein wie einen Termin, den Sie mit anderen gemacht haben. Stellen Sie sich einen Wecker. Das geht nicht, dazu haben Sie keine Zeit? Bestimmen Sie über Ihr Leben, damit es Ihr Körper nicht tun muss …

Ich bin auch noch da

Menschen können sich im Umgang miteinander gegenseitig ganz schön zu schaffen machen. Auch wenn man seine Mitmenschen mag und sich über gute, befriedigende Beziehungen freuen kann, ist nicht zu verkennen, dass jeder Kontakt mit anderen Menschen Kraft kostet und ermüdet. Wer keine Zeit nur mit sich alleine verbringt, trocknet innerlich aus. Deshalb ist es wichtig, seine Aufmerksamkeit nicht nur nach außen zu richten, sondern in sich hineinzuspüren, um eigene Bedürfnisse zu erkennen. „Ich bin auch noch da!" – dieses Gefühl brauchen Sie so nötig wie Luft zum Atmen.

Mein Vorschlag: Reservieren Sie sich mindestens einmal täglich eine Auszeit ganz für sich alleine. Verlassen Sie ganz bewusst das allgegenwärtige Grundrauschen des Zusammenseins mit anderen Menschen und den Trubel des Alltags. Suchen Sie sich einen Ort, an den Sie sich zurückziehen und an dem Sie eine stille Pause verbringen können. Ein leerer Raum, ein Platz im Garten oder in der Natur, etwa in der Nähe eines Baches, oder ein Baum, den Sie zu Ihrem Rückzugsbaum erklären – Möglichkeiten gibt es viele.

Legen Sie einen Platz für sich fest und nutzen Sie ihn als regelmäßigen kleinen Fluchtort. Machen Sie es sich zur guten Gewohnheit, Ihr ganz persönliches Ich-bin-auch-noch-da-Gefühl zu genießen, damit Sie am Abend sagen können: „Ich habe heute gut auf mich aufgepasst."

Ich bin schön

Hand aufs Herz: Was empfinden Sie, Sie wenn Sie sich im Spiegel betrachten? Sind Sie zufrieden mit Ihrem Aussehen? Finden Sie sich schön? Oder ist Ihr Bauch zu dick, die Nase zu lang, das Haar zu dünn oder die Haut zu faltig? Dann sind Sie in bester Gesellschaft: Es gibt kaum einen Menschen, der sein Aussehen perfekt findet.

Die große Gefahr besteht darin, sich so auf Ihre vermeintlichen Mängel zu konzentrieren, dass Ihr Selbstwertgefühl am Boden liegt. Dann bringen Sie kaum noch Motivation auf, Gutes für sich zu tun. Wenn Sie sich zu allem Überfluss noch mit anderen vergleichen – wie gut aussehend, wie erfolgreich, wie viel schlanker oder wie viel attraktiver diese Ihnen vorkommen – dann können Sie sogar nachhaltig Ihre Selbstachtung beschädigen.

Machen Sie sich klar, wie sinnlos und frustrierend dieses ständige Konkurrenzdenken ist. Verabschieden Sie sich aus diesem Dauerwettkampf mit anderen. Jeder Mensch ist ein Unikat und der liebe Gott hat noch nie zweimal genau den gleichen Menschen erschaffen. Es kann auch nicht unsere Bestimmung sein, dauernd ein anderer werden zu wollen. Vielmehr sollten Sie sich so annehmen, wie Sie sind, und das Beste daraus machen. Stellen Sie sich vor den Spiegel und sagen Sie: Ich bin ich und das ist schön. Deshalb bin ich schön. Schließen sie Frieden mit sich, Ihrem Aussehen und Ihrem Leben und genießen Sie es.

Immer wenn – dann

Die einfachsten Dinge sind meist die besten. Will man eine schlechte Gewohnheit verändern oder sich eine gute angewöhnen, hilft es wenig, sich Mühe zu geben und sich am Riemen zu reißen. Die Willenskraft hat schlechte Karten gegen Verhaltensmuster, die im Gehirn programmiert sind. Die moderne Hirnforschung weist uns den Weg, wie man neue Netzwerke aufbaut und Handlungsgewohnheiten im Unbewussten verknüpft. Pionier war der russische Verhaltensforscher und Nobelpreisträger Iwan Petrowitsch Pawlow. Schon vor über hundert Jahren startete er einen Versuch: Immer wenn er seine Hunde fütterte, läutete er ein Glöckchen. Bald hatten es die Hunde gelernt: Immer wenn es läutet, gibt es Fressen. Bald reagierten die Hunde auf den Glöckchenton allein schon mit Speichelfluss. Pawlow bezeichnete das als Konditionierung, ein Begriff, der heute noch gebräuchlich ist.

Wie können wir das für uns nutzen? Bilden Sie gewünschte Konditionierungen. In der Verhaltenspsychologie nennt man dies die „Wenn-dann-Methode". Formulieren Sie konkret, wann Sie was und wie tun möchten, und verknüpfen Sie es miteinander: „Wenn ich morgen ins Büro komme, dann räume ich als Erstes meinen Schreibtisch auf." „Wenn ich zwischendurch Appetit bekomme, trinke ich erst einmal ein Glas Wasser." Auf diese Weise können Sie sich selbst programmieren, wie es Pawlow mit seinen Hunden tat.

Ist das Kunst oder kann das weg?

Auch wenn Sie kein ausgesprochener Messie sind, sammelt sich mit der Zeit so einiges an: Zeitungsausschnitte, Erinnerungsstücke oder Ausrangiertes, was man noch gebrauchen könnte. Aufräumen und wegwerfen bringen aber nicht nur Ordnung, Ruhe und Entlastung in unser Zuhause, sondern auch in unser Inneres. Wer entrümpelt, gewinnt dabei auch ein Stück von sich selbst zurück. Ausmisten, entrümpeln und damit Ballast loswerden kann herrlich befreiend sein.

Packen Sie es an: Legen Sie einen Aufräumtermin fest. Gehen Sie in kleinen Schritten vor: Fach für Fach und Schrank für Schrank. Fragen Sie sich bei jedem Gegenstand, wie lange sie ihn nicht mehr gebraucht haben, ob Sie überhaupt noch wussten, dass sie ihn besitzen, oder wie viele Sie schon davon haben. Tun Sie sich trotzdem mit dem Wegwerfen schwer, dann fragen Sie sich warum. Wahrscheinlich erhalten Sie keine vernünftige Antwort, bestenfalls eine fadenscheinige.

Packen Sie alles, was Sie entsorgen wollen, zusammen und schaffen Sie es erst einmal aus der Wohnung. Manches wandert direkt in den Müll oder Sie verschenken oder verkaufen es auf dem Flohmarkt oder im Internet. Bleiben Sie konsequent und denken Sie daran, wie toll Ihr Schreibtisch, Kleiderschrank oder Keller morgen aussehen wird und wie viel Überblick und Gelassenheit Sie dadurch gewinnen.

Und – das prophezeie ich Ihnen – Sie können danach wieder freier atmen!

Kein Mensch muss müssen

„Ich muss noch …" – wie oft haben wir das schon gedacht oder gesagt. Sie haben wahrscheinlich viele Pflichten, aber passen Sie auf, was Sie denken. Und vor allem: wie Sie denken. Das Wort „muss" ist ein Trigger, der in Ihrem Gehirn ein Gefühl von Druck, Zwang oder Unfreiheit auslöst. Sie drängen sich damit selbst in eine Opferrolle.

Verwenden Sie jedoch Formulierungen wie „Ich möchte …" oder „Ich werde noch …", empfindet Ihr Gehirn Wahlfreiheit und Selbstbestimmung. Wortklauberei? Selbstbetrug? Nein, vielmehr konsequentes Anwenden moderner Hirnforschung. Schon Gotthold Ephraim Lessing ließ 1779 seinen Titelhelden Nathan den Weisen im gleichnamigen Drama sagen: „Kein Mensch muss müssen." „Aber es gibt doch manchmal Sachzwänge", werden Sie vielleicht einwenden. Genau genommen stimmt das nicht. Sie haben immer die Wahl. Auch wenn die zu erwartenden Konsequenzen ungünstig wären, ändert das nichts an Ihrer Wahlfreiheit. Müssen Sie wirklich eine Arbeit fertig machen? Nein, aber: Wenn Sie sie nicht tun, haben Sie mehr Scherereien, als wenn Sie sie erledigen. Also werden Sie Ihrem gesunden Menschenverstand folgen und die Arbeit freiwillig tun. Wenn Sie so denken, ist es Ihre Entscheidung und das gibt Ihnen ein anderes Gefühl, als zu etwas gezwungen zu sein. Machen Sie sich klar: Ich muss gar nichts, niemand muss müssen. Es gibt nur eine Ausnahme: Wenn Sie mal müssen. Sie wissen schon, was ich meine …

Kopf hoch – auch wenn der Hals dreckig ist

Körper und Seele sind eine Einheit, untrennbar miteinander verbunden. „Nichts Neues", sagen Sie? Stimmt. Aber ist Ihnen auch immer bewusst, wie sich Körper und Seele gegenseitig beeinflussen? Probieren Sie es einmal aus: Ziehen Sie ihre Mundwinkel nach oben – lächeln Sie, einfach so, ohne Grund. Nach wenigen Sekunden hat Ihr Gehirn das registriert und ruft die Netzwerke auf, die mit Lächeln verknüpft sind. Dies löst eine Kettenreaktion aus: Glückshormone werden ausgeschüttet, diese bauen Stress ab und das Immunsystem wird gestärkt. Umgekehrt genauso: Ein grimmiges Gesicht macht grimmige Gedanken und produziert Stresshormone.

Verhaltensforscher haben dieses Phänomen hinreichend erforscht und ihm einen Namen gegeben: Embodiment, was so viel heißt wie Verkörperung. In Versuchen ließ man Studenten Texte lesen und dabei mit dem Kopf schütteln. Sie beurteilten das Gelesene deutlich schlechter als Vergleichspersonen, die das Gleiche mit einem Kopfnicken lasen. Andere Versuche bewiesen: Mit einer aufrechten Körperhaltung strahlt man mehr Selbstbewusstsein aus und fühlt sich deutlich selbstsicherer als jemand, der zusammengekauert dasitzt. Embodiment ist ein universelles Phänomen, das jeden Bereich des Lebens durchzieht.

Jetzt weiß ich, wie klug der Rat meine Oma war, die immer sagte: „Kopf hoch – auch wenn der Hals dreckig ist!"

Lernen Sie von Robinson Crusoe

Robinson Crusoe hatte zwei Möglichkeiten zu denken: „Ich bin auf eine einsame Insel verschlagen worden, ohne Hoffnung, je wieder fortzukommen" oder: „Ich bin noch am Leben und nicht ertrunken wie meine Kameraden". Heißt Letzteres schönreden oder Tatsachen verdrehen? Nein – es bedeutet konsequentes Nutzen der eigenen Ressourcen. Wenn Sie Ihre Aufmerksamkeit auf den negativen Aspekt richten, ruft Ihr Gehirn die dazugehörigen negativen Erinnerungsnetzwerke auf. Umgekehrt lenken Sie zum Positiven: Konzentrieren Sie sich auf positive Gedanken, dann folgen andere Gefühle, die eine neue Blickrichtung ermöglichen und damit ein anderes Handeln.

Fragen Sie deshalb bei jedem Problem oder jeder Aufgabe: Was ist positiv an der Situation? Wie bringt mich diese Herausforderung voran? Was kann ich daraus lernen? Oder: Welchen Vorteil habe ich letztendlich davon? Sie werden immer etwas finden.

So können Sie sich sogar über den defekten Fahrstuhl freuen, weil das Treppensteigen gut für Ihre Fitness ist. Oder über das gebrochene Bein, das Ihnen vielleicht eine willkommene, legitime Ruhepause verschafft, die Sie sich selbst nicht zugestanden hätten. Der Effekt dieser Sichtweise: Indem Sie die analytische Hälfte Ihres Gehirns auf „positiv" schalten, zieht die emotionale Hälfte nach: Sie fühlen sich sofort besser. Die Blickrichtung macht's und die bestimmen Sie!

Lieben und akzeptieren Sie sich so, wie Sie sind

Strafen Sie Ihr Kind mit Liebesentzug, wenn es schlechte Noten schreibt, zu viel nascht oder Übergewicht hat? Lieben Sie es erst wieder, wenn es makellos ist? Nein? Sie finden, das wäre seelische Grausamkeit? Stimmt! Aber wie halten Sie es mit sich selbst? In einem Kurs sagte mir eine Frau: „Wenn ich mich im Spiegel betrachte, könnte ich mich anspucken." Ob sie diese Haltung motiviert, etwas zu verändern? Wohl kaum!

Erst wenn Sie sich selbst lieben und akzeptieren, so, wie Sie sind, ist die Grundlage da für positive Veränderungen. Vielleicht wenden Sie jetzt ein: „Wenn ich mich so akzeptiere, ändert sich doch nichts!" Akzeptieren heißt aber nicht gutheißen. Auch nicht resignieren und sich selbst aufgeben. Akzeptieren heißt vielmehr aufhören, gegen etwas zu kämpfen, das man im Moment nicht ändern kann. Einen Kampf gegen sich selbst kann man nie dauerhaft gewinnen.

Statt Ihr Kind – auch Ihr inneres Kind – abzulehnen und gegen es zu kämpfen, ist es besser, mit ihm liebevoll und konsequent umzugehen. Dies ist kein Widerspruch. Im Gegenteil: Wenn Sie nur liebevoll sind, ohne Regeln und Konsequenzen, dann ist dies nicht liebevoll.

Lieben und akzeptieren Sie sich so, wie Sie sind, und sorgen Sie gut für sich!

Machen Sie sich locker

Fühlen Sie sich auch öfter total verspannt? Was tagtäglich alles auf uns einprasselt, müssen wir erst einmal verdauen. Jeder Gedanke, jedes Gefühl, überhaupt jede Wahrnehmung ist mit körperlichen Reaktionen verbunden. Gerade in unserer schnelllebigen, ja hektischen Zeit führt dies oft zu chronischen Anspannungszuständen. Kopfschmerzen oder Erschöpfungszustände sind die Folge. Körperliche Entspannungsübungen können sehr hilfreich sein.

Hier eine besonders schöne: Suchen Sie sich ein Plätzchen, an dem Sie unbeobachtet sind. Stellen Sie sich vor, Sie wären eine Marionette und oben an Ihrem Schädel wäre das Haupttrageseil befestigt. Spüren Sie, wie der Faden langsam nach oben gezogen wird, Ihre lockeren Gliedmaßen hängen herab. Ihre Wirbelsäule wird langgezogen, Sie atmen dabei ein und fühlen sich, als ob Sie schweben. Dann lässt der Spieler über Ihnen den Faden wieder locker, Sie landen behutsam auf der Erde, sinken wie ein Häufchen Puppe in sich zusammen und atmen hörbar aus. Wiederholen Sie dies bis zu zehn Mal. Die Wirkung: Atmung, Konzentrationsfähigkeit und Fantasie werden angeregt. Das kuriose Gefühl des „Gesteuertwerdens" entspannt Ihre Psyche.

Gefällt Ihnen die Übung? Dann verrate ich Ihnen, wann sie an besten wirkt: Immer dann, wenn Sie sie auch machen.

Machen Sie Termine mit sich selbst

Kennen Sie das? Sie begegnen unverhofft einem alten Bekannten und sagen: „Wir müssen uns unbedingt wieder mal treffen!" Hand aufs Herz – was wird daraus? Wahrscheinlich nichts! Obwohl Sie es wirklich gewollt haben. Nach Monaten oder gar Jahren hat das Treffen immer noch nicht stattgefunden. Sagen Sie aber stattdessen: „Prima, lass uns gleich einen Termin ausmachen", dann kommt das Treffen wirklich zustande. Wie oft haben wir gute Vorsätze: wieder regelmäßig laufen, Gymnastik machen, Schwimmen gehen, die Garage aufräumen oder Gitarre üben. Leider kommen wir nicht dazu und wenn wir Zeit hätten, fehlt der Antrieb.

Der taktische Fehler besteht darin, dass wir uns keinen klaren Termin dafür gesetzt haben. Wenn Sie Montag, 16 Uhr einen Termin beim Steuerberater haben, halten Sie ihn ein? Sehr wahrscheinlich ja. Alle Störungen und Ablenkungen werden Sie sich vom Hals halten. Sie haben ja einen Termin und dem räumen Sie Priorität ein. Genau dies machen wir mit unseren persönlichen Anliegen nicht. Wir machen weder einen konkreten Termin, noch geben wir ihm Priorität.

Probieren Sie es aus: Machen Sie täglich einen Termin mit sich selbst. Nur für sich selbst. Steigen Sie so aus Ihrem Hamsterrad aus. Sie werden staunen, wie gut das geht.

Mit KAI zu mehr Willenskraft

Jeder Mensch verfügt über ein gewisses Maß an Willenskraft, sonst würde unser tägliches Leben überhaupt nicht funktionieren. Das fängt schon morgens an, wenn der Wecker klingelt. Nur ist diese Kraft in bestimmten Situationen nicht immer verfügbar, sei es, die Schokolade oder die Zigaretten sein zu lassen oder sich zum Sport zu überwinden. Die Verhaltenspsychologie kennt für solche Fälle eine wirksame Formel: KAI. „K" steht für Klarheit, das heißt, Zusammenhänge kennen und hinschauen. Sich klarmachen, welche Konsequenzen aus dem Verhalten entstehen. Wer davor die Augen verschließt, hat schon verloren. „A" steht für Achtsamkeit. Eine sehr wichtige Eigenschaft, gerade in unserer schnelllebigen Zeit. Es gilt, den Autopiloten auszuschalten und sich selbst beim Schludern zu erwischen. Diesen Augenblick darf man nicht verpassen. „I" steht für Impulskontrolle. Das ist die Fähigkeit, sich zusammenzureißen und nicht jeder Verlockung gleich nachzugeben. Eine Fähigkeit, die man trainieren kann wie einen Muskel.

Mein Rat: Nehmen Sie sich ein Thema vor, bei dem Sie mehr Willenskraft entwickeln möchten. Aber wirklich nur eine Sache, damit Sie sich nicht übernehmen. Gehen Sie eine Woche jeden Tag achtsam damit um, bleiben Sie klar und üben Sie, dem ersten Impuls standzuhalten. Sie werden staunen, wie viel Willenskraft Sie haben. Wer die KAI-Formel beherrscht, hat auf Dauer mehr vom Leben.

Muss es denn immer erst wehtun?

Zu den menschlichen Eigenarten gehört es, sich erst zu ändern, wenn es gar nicht mehr anders geht - wenn einem das Leben die Pistole auf die Brust setzt. Wenn man ernsthaft krank wird, seinen Job oder seinen Partner verliert und mit dem Rücken an der Wand steht, sind Änderungen im Leben nicht mehr zu vermeiden. Gerade dann aber sind sie für die meisten Menschen ein schwieriges Unterfangen, denn Veränderungen bringen Unsicherheit und Unwägbarkeit mit sich. Selbst wenn man selbstkritisch erkennt, dass ungutes Verhalten zur Misere beigetragen hat, kostet es viel Kraft, die neue Herausforderung anzunehmen.

Der erste Schritt ist, anstatt sich in Ausflüchte und Rechtfertigungen zu flüchten, die Verantwortung für Ihr eigenes Tun zu übernehmen und eine kraftvolle Entscheidung zu treffen, wie Ihr Leben künftig sein soll. Seien Sie ehrlich mit sich selbst und erkennen Sie eigene Fehlhandlungen. Machen Sie sich klar, wie es in einem meist schleichenden Prozess zur jetzigen Lage gekommen ist. Damit sind Sie schon mitten im zweiten Schritt. Der dritte besteht darin, Ihre Angst zu überwinden.

Ja, es gehört viel Mut dazu, Kehrtwendungen im Leben vorzunehmen. Man kennt sich vorübergehend vielleicht selbst nicht mehr. Am besten suchen Sie die Nähe von Menschen, die Ihren Mut akzeptieren und Ihnen bei den Veränderungen helfen. Tun Sie es für sich, bevor wieder etwas wehtut.

Nutzen Sie die 10-Minuten-Regel

Kennen Sie das unbeliebteste Tier? Nein, nicht die Spinne, auch nicht die Ratte. Es ist der innere Schweinehund! Was der schon alles angerichtet hat. Tricks und Kniffe, ihn unschädlich zu machen, füllen Bibliotheken. Professionelle Hilfe liefert uns nun auch die Hirnforschung mit einem erstaunlich einfachen Rat: Wenn Sie mit einer Versuchung zu tun haben, die Sie vermeiden wollen, dann lenken Sie sich zehn Minuten ab. Das scheint nicht viel, aber die Neurowissenschaftler haben entdeckt, dass sich in dieser Zeit das Belohnungssystem im Gehirn entscheidend verändert: Das Interesse lässt nach. Woher kommt das? Wenn das Gehirn zehn Minuten warten muss, wird die Neigung zur sofortigen Bedürfnisbefriedigung ausgehebelt. Die Verlockung ist nicht mehr so interessant. Dopamin, das Antriebshormon, fließt ab.

Mein Tipp: Führen Sie für jede Versuchung eine verpflichtende 10-Minuten-Regel ein und Ihr Gehirn wird cooler und vernünftiger reagieren. Aber: Starren Sie in dieser Zeit nicht wie ein hypnotisiertes Kaninchen auf das Objekt der Begierde. Nutzen Sie die Zeit, um sich klarzumachen, was Ihre Ziele sind, was Ihnen wichtig ist und was Sie alles tun möchten, um diese Ziele zu erreichen.

Noch ein Tipp: Können Sie sich zu etwas schlecht aufraffen, hilft ebenfalls die 10-Minuten-Regel. Machen Sie es einfach – nur zehn Minuten lang. Und wenn Sie dann erst mal dabei sind … Sie wissen schon.

Probleme? Die Einstellung macht's!

Das Leben läuft nicht immer so, wie wir es uns wünschen. Ein Rundum-sorglos-Paket gibt es nicht. Unfälle, eine schlimme Krankheit, unerwünschte Veränderungen, kleine oder große Schicksalsschläge – wir suchen sie uns nicht aus. Solche Ereignisse zu verkraften und zu meistern, ist immer eine Herausforderung.

Machen wir uns eins klar: Nicht die Situation selbst macht uns zu schaffen, sondern unsere Einstellung dazu. Eine Krebsdiagnose kann in die Hoffnungslosigkeit stürzen oder ein Weckruf sein, das Leben zu verändern. Wer arbeitslos wird, kann befürchten, für immer in Hartz IV stecken zu bleiben – oder es als eine Herausforderung für neue Erfahrungen sehen mit der Chance, gestärkt daraus hervorzugehen. Bei welcher der beiden Einstellungen wird sich eher das Blatt zum Guten wenden? Es ist sicher nicht einfach, bei Problemen, die wir uns nicht gewünscht haben, in eine positive Haltung zu gehen. Aber es lohnt sich, alle verfügbare Kraft dafür aufzuwenden.

Üben können wir das am besten mit kleinen Dingen. Fragen Sie sich jedes Mal, wenn Sie sich ärgern oder Sie etwas belastet: „Mit welcher Sichtweise würde es mir jetzt besser gehen?" Schon Laotse, der legendäre chinesische Philosoph, der im 6. Jahrhundert vor Christus lebte, sagte: Die größte aller Freiheiten, die wir haben, ist die, in jeder Situation unsere Einstellung zu wählen. Nutzen Sie diese Freiheit!

Reden Sie respektvoll mit sich

Mit wem sprechen wir am häufigsten? Richtig – mit uns selbst. Bei unseren Selbstgesprächen haben wir einen äußerst aufmerksamen und kritischen Zuhörer: Unser Unterbewusstsein hört ständig mit. Meist sind wir im inneren Dialog allerdings wenig freundlich mit uns: „Das kann auch nur dir passieren!", „Du hast dich wieder unsterblich blamiert!", „Du bist ein Versager!" oder „Wie kann man nur so blöd sein!" ist da zu hören.

Die Urteile, die wir über uns selbst fällen, entscheiden darüber, wie wir über uns selbst denken. Achten Sie deshalb gut auf Ihre Wortwahl. Wenn Sie positiv und selbstsicher von sich sprechen, so werden Sie es auch! Ein gutes Selbstwertgefühl ist eine der wichtigsten Ressourcen, die jeder Mensch braucht, es stützt das seelische Immunsystem. Ist das Selbstwertgefühl stabil, schützt es wirksam gegen Kritik, Angriffe und Anfeindungen. Ist das Selbstwertgefühl nur schwach ausgeprägt, ist der Mensch leicht verletzbar – oft schon bei geringen Anlässen. Persönliches Glück und berufliches Fortkommen hängen maßgeblich von einem intakten Selbstwertgefühl ab. Innere Stabilität hat Auswirkungen auf Gefühle, Verhalten, Beziehungen und Körper. Die Selbstwahrnehmung der eigenen Stärken und Schwächen beeinflusst jeden Moment der persönlichen Existenz.

Deshalb: Reden Sie mit sich selbst, wie Sie es auch mit einem Fremden täten – achtungsvoll und mit Respekt.

Schenken Sie sich einen Tag

Müsste Ihre Woche manchmal acht statt sieben Tage haben? Fühlen Sie sich oft gehetzt und macht Ihnen der Leistungsdruck zu schaffen?

Stellen Sie sich vor, Ihnen würde ein Tag geschenkt, der nicht im Kalender steht. Aber nicht, um diesen mit weiterer Arbeit zu füllen, sondern ein Tag, an dem Sie zu nichts verpflichtet sind, an dem niemand etwas von Ihnen erwartet. Sie können tun, was immer Sie möchten. Wie würden Sie diesen Tag verbringen? Vielleicht würden Sie die Ruhe suchen und nur für sich alleine sein? Oder sich mit Muße etwas widmen, wobei Ihnen das Herz aufgeht? Oder ohne schlechtes Gewissen einfach im ältesten Jogginganzug den ganzen Tag faulenzen? Wie auch immer Sie sich einen solchen geschenkten Tag ausmalen, es ist ein Tag ganz allein und ganz speziell nur für Sie. Und jetzt kommt's: Diesen besonderen Tag dürfen Sie sich selbst schenken! Vielleicht nicht jede Woche und vielleicht nicht oft, aber immer öfter. Wer sollte Sie daran hindern?

Noch ein Hinweis zum Schluss: Sagen Sie nicht „Ja, das müsste ich tatsächlich einmal machen", sondern nehmen Sie sich jetzt sofort Ihren Kalender und einen Rotstift und legen Sie diesen Tag für sich verbindlich fest. Denn wenn Sie darauf warten, bis sich eine günstige Gelegenheit ergibt, kann dies bis zum Sankt-Nimmerleins-Tag dauern.

Sie sind der Steuermann Ihres Lebens

„Wenn der Geist auf ein Ziel gerichtet ist, kommt ihm vieles entgegen", philosophierte einst Goethe. Wie recht er hat! Wenn Sie sich zum Ziel gesetzt haben, Tibet zu bereisen, wird jeder Fernseh- oder Zeitungsbericht darüber Ihre Aufmerksamkeit erregen. Hat eine Frau einen Kinderwunsch, wird sie überall Kinderwagen und schwangere Frauen sehen. Von allem, was es gibt auf dieser Welt, können wir nur einen kleinen Teil bewusst wahrnehmen. Wie der Kegelstrahl einer Taschenlampe einen Ausschnitt beleuchtet, erhellen wir alles, worauf wir unsere Aufmerksamkeit richten. Damit laden wir es mit Energie auf. Machen Sie sich deshalb immer klar, was Sie wollen, wie es werden soll, wohin die Reise in Ihrem Leben gehen soll und was Sie sich wünschen. Viele Menschen machen den Fehler, dass sie ihre Aufmerksamkeit darauf richten, was sie nicht wollen und was sie vermeiden wollen. Sie sind damit auf ihr Nichtziel fokussiert und ziehen mit großer Energie genau das an, was sie nicht wollen.

Richten Sie deshalb immer Ihren Blick nach vorne und darauf, wo Sie hinwollen. Halten Sie sich immer vor Augen, dass Sie der Steuermann in Ihrem Leben sind, der auch bei rauer See das Ruder in der Hand behalten und den Kurs vorgeben muss.

So kriegen Sie den Hintern hoch

Haben Sie auch manchmal das Gefühl, dass Ihre Polstermöbel mit einer unsichtbaren Pattex-Schicht bestrichen sind, die sich bei Körperwärme mit Ihren Klamotten verklebt? Dann zerplatzen alle guten Vorsätze wie Seifenblasen. Ein Teil von Ihnen, vielleicht der Vernunftanteil oder der Gesundheitsanteil, mahnt zur Bewegung, aber ein anderer Anteil hat in dem Moment das Heft in der Hand. Es nützt nichts, diesen als „inneren Schweinehund" zu beschimpfen und ihn bekämpfen zu wollen. Vielmehr braucht es Verständnis und Akzeptanz für das Bedürfnis, sich auszuruhen oder einfach mal faul zu sein. Der gute Umgang mit sich selbst ist der gleiche wie mit einem kleinen Kind: liebevoll und konsequent zugleich. Fehlt eins von beiden, tut es dem Kind nicht gut.

Sagen Sie also zu sich selbst: „Ich verstehe, dass du jetzt keine Lust hast und lieber faulenzen möchtest. Lass uns aber wenigstens 10 Minuten was tun und wenn es dir nicht gut tut, hören wir wieder auf." Wenn Sie sich mit diesem inneren Entschluss erheben, verliert das Pattex sofort an Klebekraft. Vielleicht hat der Körper jetzt sogar Lust, mehr zu machen, sobald er erst einmal in Bewegung gekommen ist. Der Appetit kommt bekanntlich beim Essen und die Lust kommt beim Tun.

So wie der Bauer die Klöß' isst

Stress macht krank. Stimmt das? Nicht ganz. Es gibt den gesunden Eustress und den ungesunden Disstress. Stress ist so alt wie die Menschen und war schon immer lebenserhaltend. Eine zeitlich begrenzte Mobilmachung ist nicht das Problem. Wenn wir mal ranklotzen, viel wegschaffen oder ein Projekt durchziehen, können wir dabei sogar Energie auftanken. Wichtig ist nur, sich anschließend wieder ausreichend Ruhepausen zu verschaffen.

Genauso wichtig ist es, an einer Arbeit dranbleiben zu können, ohne dauernd gestört oder abgelenkt zu werden. Forscher haben erst vor Kurzem ein bisher unbekanntes Stresssystem im Gehirn entdeckt. Es tritt immer dann in Aktion, wenn ein diffuses Umfeld zu überwachen ist, wenn also eine unüberschaubare Situation herrscht, in der jederzeit irgendetwas passieren kann, wobei nicht klar ist, was es sein wird. Sie bezeichnen dies als das „Unruhe-Stresssystem". Kommt es nicht mehr zur Ruhe, lässt es uns auf Dauer ausbrennen.

Viele Arbeitsplätze sind heute so ausgelegt. Neben einer unberechenbaren Unsicherheit werden Fähigkeiten erwartet, die gegen die menschliche Natur gehen. Multitasking ist eine dieser krank machenden Anforderungen. Davor kann man nur ausdrücklich warnen. Da lobe ich mir meinen Opa – Gott hab' ihn selig – der mich immer ermunterte: „Bub, eins nach dem anderen, so wie der Bauer die Klöß' isst."

Vorsicht beim mentalen Googeln

Wer das Internet nutzt, kennt Google. Ursprünglich nur als Suchmaschine gestartet, hat sich Google zu einem der mächtigsten Konzerne entwickelt. Was jemals im Netz erschien, wird von Google unweigerlich erfasst. Ähnlich funktioniert unser Gehirn: Alles, was wir jemals erlebt, erfahren oder gedacht haben, wird erfasst und gespeichert.

In jeder Sekunde erklären wir uns selbst, was gerade geschieht. Das Gehirn hört genau hin, wenn wir mit uns sprechen, und sucht in den Archiven im Gehirn, wo alle Erfahrungen sehr detailliert gespeichert sind, nach Ähnlichkeiten zu früheren Ereignissen. Man könnte dies als „mentales Googeln" bezeichnen. Sagen wir uns „Das schaffe ich bestimmt nicht", fahndet die innere Suchmaschine im Archiv der Vergangenheit nach früheren Geschehen, die diese Annahme bestätigen. Besonders emotionale Erlebnisse werden im Ranking ganz oben angezeigt und auf den Bildschirm unseres Bewusstseins geschickt. Damit bestätigt sich die negative Selbsteinschätzung und ruft das damit gespeicherte negative Gefühl auf.

Die Art und Weise, wie wir mit uns selbst kommunizieren, hat also einen entscheidenden Einfluss auf unsere Realität. Die Welt ist so, wie wir uns die Welt erklären. Passen Sie deshalb höllisch auf, welche Suchworte Sie bei Ihren inneren Dialogen aufrufen, denn das Resultat erscheint auf „Ihrem Schirm".

Wie Sie von Süßigkeiten loskommen

Ex-Raucher stört oft der Qualm am meisten, obwohl ihnen früher die Zigarette geschmeckt hat. Genau genommen hat aber nie die Zigarette geschmeckt, sondern die Gefühle, die sie verursacht: Entspannung, Selbstzuwendung oder Ablenkung. Der Drang nach Suchtmitteln wie Süßigkeiten, Alkohol oder Zigaretten ist deshalb bei belastenden Gefühlszuständen besonders stark. Sie werden gebraucht, um Gefühle zu verbessern.

In meinen Kursen leite ich an, wie man mit Hypnose, Klopfen und anderen wirksamen mentalen Techniken die negativen Gefühle deutlich spürbar reduzieren kann. Gleichzeitig wird das Suchtmittel gefühlsmäßig von dem Belastungszustand entkoppelt. Dem Lieblingsleckerli wird damit der emotionelle Reiz entzogen, nach dieser Prozedur schmeckt es meist nur noch pappsüß oder eklig fett. Bei dauerhafter Anwendung der Techniken findet ein Umlernen auf neurologischer Ebene statt. Auf diese Weise können wir uns die Sucht nach Süßigkeiten regelrecht abtrainieren. Im nächsten Schritt werden neue, bessere Bewältigungsstrategien gefunden und programmiert, die in Belastungssituationen anstatt des bisherigen Suchtmittels eine Gefühlsaufbesserung bringen. Die Süßigkeiten oder das Gläschen Wein werden dann nicht mehr „gebraucht", sondern können uns gelegentlich mit Maß und Ziel als Genussmittel das Leben verschönern.

Zuerst komm ich – dann die anderen

Weckt schon die Überschrift bei Ihnen Widerstand? Dann ist dieser Impuls für Sie genau richtig. Zwar predigen Lebensberater und Selbsthilfebücher mit Engelszungen die Kunst des Egoismus und es gibt sogar eine Egoisten-Bibel. Nur gehen solche Gedanken den meisten bei allem guten Willen gegen den Strich. Besonders Frauen, die ganz andere Werte schon mit der Muttermilch aufgesogen haben, tun sich damit schwer. „Ich weiß, ich müsste mich mehr um mich kümmern, aber ich kann nicht aus meiner Haut", höre ich oft in meinen Kursen und Coachings. Edel sei eben der Mensch, hilfreich und gut. Wer wagt schon, dem zu widersprechen.

Deshalb erzähle ich gerne ein Beispiel: Im Flugzeug werden die Sicherheitsmaßnahmen erläutert. Bei unzureichender Luftversorgung fallen Sauerstoffmasken von oben aus der Verankerung. Befinden sich Kinder im Flugzeug, wer soll dann die Maske zuerst bekommen, das Kind oder der begleitende Erwachsene? Überlegen Sie einmal. Natürlich muss sich der Erwachsene zuerst selbst versorgen, damit er handlungsfähig bleibt. Das Kind kann die kurze Zeit ohne Sauerstoff überbrücken. Kümmert sich der Erwachsene aber zuerst um das Kind, kann er selbst ohnmächtig werden. Was würde dann das Kind ohne Hilfe machen?

Gerade dann, wenn man für andere sorgen will, muss man zuerst für sich selbst sorgen, um gut handlungsfähig zu bleiben.

Zumindest bemühe ich mich

Manchmal werde ich gefragt, woher ich all die guten Tipps nehme, die jede Woche in der Zeitung stehen. Einfache Antwort: „Ich beobachte mich selbst." Nicht, dass ich ein Beispiel perfekter Lebenskunst wäre, weit gefehlt. Durch meine Selbstbeobachtung erschließt sich eine Fundgrube von Unzulänglichkeiten, Irrtümern und ungewünschten Gefühlszuständen.

Zu meiner Ehrenrettung sei gesagt: Ich bemühe mich zumindest, damit klarzukommen. Dabei entdecke ich ungute Verhaltensmuster, Eigenarten oder wunde Punkte. Wie hartnäckig sich diese trotz der Erkenntnis halten! Ab einem gewissen Alter (nicht erst mit 60), kommt man nicht mehr so einfach aus seiner Haut heraus. Muss man auch nicht, aber man kann lernen, einen besseren Umgang mit sich und seinen Macken zu finden.

Voraussetzung dafür ist, sich erst einmal zu erwischen. Achtsamkeit heißt das Zauberwort. Es bedeutet, nicht sofort gegen alles angehen, was einem so in die Quere kommt, sondern innehalten und sich selbst spüren. Dabei gehe ich in eine Selbstbeobachterposition, ohne Selbstverurteilung. Ich beobachte nur, wie ich mich verhalte und dabei fühle. Wenn ich dann etwas gefunden habe, was mir weiterhilft, schreibe ich es auf. Auf diese Weise kommen Sie, verehrte Leserinnen und Leser, in den Genuss, von meinen Unzulänglichkeiten zu profitieren und den einen oder anderen guten Impuls zu lesen.

KAPITEL 2

Für Ihr persönliches Wachstum

Ich bin nicht auf der Welt, um so zu werden, wie andere mich haben wollen.

**„Freiheit ist die Macht,
die wir über uns selber haben."**

Hugo Grotius

Alles weg'n de Leut' ...

Sind Sie auch mit dem Erziehungssatz groß geworden: „Was sollen die Leute denken?" Hängt er Ihnen heute noch nach? Würden Sie manchmal etwas anders machen, wenn „die Leute" nicht wären? Der Humorist Otto Reutter sang schon in den 1900er-Jahren in einem seiner Couplets: „Wir sind, glaub' ich, nur auf der Welt weg'n de Leut', wir tun oft, was uns nicht gefällt, weg'n de Leut'."

In meinen Seminargruppen, bei denen wir mit Familienstellen arbeiten, wird es sehr persönlich. Das liegt in der Natur der Sache. Als einmal eine Interessentin zögerte und zu bedenken gab: „Ich kann doch nicht vor anderen Menschen meine Probleme offenbaren", antwortete eine erfahrene Gruppenteilnehmerin: „Na und? Glaubst du, andere haben nichts?" Eine schlichte Feststellung, die den Nagel auf den Kopf trifft.

Wie kann Ihnen diese gute Erkenntnis helfen, selbst errichtete mentale Gefängnismauern einzureißen? Was würden Sie alles tun, wenn es nur nach Ihnen ginge, ohne darüber nachzudenken, was wohl andere sagen? Sogar sonntags die Wäsche raushängen? Oder den Rasen erst nächste Woche mähen? Oder gar „Schlimmeres"? Aus dem Kultfilm „Fight Club" mit Brad Pitt stammt der treffende Ausspruch: „Von dem Geld, das wir nicht haben, kaufen wir Dinge, die wir nicht brauchen, um Leuten zu imponieren, die wir nicht mögen."

Es gibt bestimmt noch vieles, was Sie tun oder lassen könnten. Für sich selbst – nicht weg'n de Leut'.

Annehmen und Problem lösen

Probleme gehören zu unserem Leben. Täglich nur Friede, Freude, Eierkuchen und die Welt würde in Stagnation und Eintönigkeit ertrinken. Trotzdem möchte keiner Schwierigkeiten haben und oft fühlen wir uns angegriffen. Was überhaupt nicht weiterhilft in solchen Situationen, ist Selbstmitleid: Das lähmt nur, verändert nichts und kostet viel Energie. Genauso schlecht ist es, die Angelegenheit zu ignorieren – meistens werden erst so aus kleinen Problemen große. „Der allererste Schritt im Umgang mit Schwierigkeiten ist die Bereitschaft, sie anzunehmen", sagt der amerikanische Psychologe und Philosoph William James.

Wenn Sie das Annehmen geschafft haben, gilt es, Abstand zu gewinnen. Machen Sie einen langen Spaziergang, tun Sie sich etwas Gutes und vergegenwärtigen Sie sich, wie viel Positives es in Ihrem Leben gibt. Gut ist auch das sprichwörtliche „darüber schlafen": Denn währenddessen verarbeitet unser Gehirn die Informationen des Vortags, strukturiert sie und sorgt für mehr Klarheit.

Nun kann die Lösungssuche beginnen. Wechseln Sie doch einmal die Perspektive: Wie würde ein anderer darüber denken? Versuchen Sie zu erkennen, was der wahre Grund für Ihre Schwierigkeiten ist. Sehen Sie Ihr Problem nicht als unzumutbare Belästigung, sondern als eine Aufgabe, aus der Sie gestärkt und als Persönlichkeit gereift heraustreten können.

Befreien Sie sich aus Ihrem Gefängnis

Erleben Sie öfter, dass Sie an Ihre Grenzen kommen? Oder haben Sie schon oft resignierend festgestellt, dass Sie nicht aus ihrer Haut herauskönnen? Dabei geht oft um Dinge, die anderen Menschen keine Probleme bereiten. Woher kommt das? Ich möchte dies an zwei Beispielen erklären.

In Indien werden Elefanten trainiert, indem man junge Tiere mit Eisenketten an mächtige Bäume kettet. Dem Elefantenkind ist es unmöglich, diese zu sprengen. Nach und nach reduziert man die Stärke der Eisenketten, denn der Elefant hat gelernt, dass Ausreißversuche zwecklos sind. Zum Schluss genügt ein dünnes Seil, denn die Programmierung in seinem Elefantengeistkörper lässt ihn glauben, seine Ketten seien unzerreißbar. Das andere Beispiel wird in allen großen Aquarien der Welt angewandt: Man trennt die Fische voneinander, indem man Trennwände aus Glas einfügt. Nach einiger Zeit kann man diese wieder entfernen, denn die Fische schwimmen nur so weit, wie es die Trennwände bisher erlaubten. Ihr Geistkörper befolgt eine Programmierung, die besagt: Bis hierher und nicht weiter! In der Hirnforschung bezeichnet man dies als PCC (Premature Cognitive Commitment).

Wie können Sie ihr PCC durchbrechen? Die Antwort ist so einfach, dass ich mich kaum traue, sie Ihnen zu sagen: Tun Sie es einfach! Reißen Sie das Seil ab oder schwimmen Sie ein Stück weiter. Gehen Sie raus aus ihrem Gefängnis. Es existiert nicht wirklich.

Bleiben Sie so, wie Sie sind

Oft ist es lehrreicher, eine kluge Geschichte zu hören als tausend geistreiche Erklärungen. Eine solche Geschichte hat uns Gotthold Ephraim Lessing geschenkt:

Ein Mann hatte einen trefflichen Bogen von Ebenholz, mit dem er sehr weit und sehr sicher schoss und den er ungemein schätzte. Einst aber, als er ihn aufmerksam betrachtete, sprach er: „Ein wenig zu plump bist du doch! Alle deine Zierde ist die Glätte. Schade! Doch dem ist abzuhelfen", fiel ihm ein. „Ich will hingehen und den besten Künstler Bilder in den Bogen schnitzen lassen." Also ging er hin und der Künstler schnitzte eine ganze Jagd auf den Bogen, denn was hätte sich besser auf einem Bogen geschickt als eine Jagd? Der Mann war voller Freude. „Du verdienst diese Verzierung, mein lieber Bogen!" Gleich will er ihn versuchen; er spannt, und der Bogen – zerbricht.

So weit Lessing. Was können wir daraus lernen? Es geht um Eitelkeit und Intoleranz, um Gier nach Schönheit und Perfektion, aber auch um Selbstzweifel und das Gefühl, nicht gut genug zu sein. Vergleicht man sich permanent mit anderen und gibt sich für jede schwache Stelle ein dickes Minus, verblasst schnell das Selbstwertgefühl. Versucht man dann, diese vermeintlichen Defizite mit allerlei Verzierungen zu kaschieren, kann man nicht nur den Bogen überspannen, sondern ihn auch zerbrechen. Bleiben Sie lieber so, wie Sie sind.

Das Geheimnis der kleinen Schritte

Gibt es etwas, das Sie an sich selbst stört? Was Sie gerne ändern möchten, das aber nicht so recht gelingen möchte? Nicht der innere Schweinehund ist schuld, sondern vielleicht die falsche Taktik. Die meisten Menschen machen nämlich den Fehler, zu viel von sich selbst zu verlangen. Ernährung umstellen, keine Süßigkeiten mehr, das Rauchen aufgeben, täglich eine Stunde joggen und am besten alles gleichzeitig. Und zwar ab sofort. Dass dies nicht gut gehen kann, liegt auf der Hand.

Was am meisten Kraft raubt, sind zu hohe Anforderungen. Schlechte Gewohnheiten kann man nicht in einem Kraftakt in wenigen Tagen ändern. Besser ist es, kleine Schritte in den Alltag zu integrieren. Nehmen Sie sich immer nur das vor, was Sie auch auf jeden Fall erreichen können: Jeden Morgen einen Apfel essen, den Wecker nur fünf Minuten früher stellen oder immer die Treppe anstelle des Aufzugs nehmen. Auf diese Weise stärken Sie das Gefühl, das zu erreichen, was Sie sich vornehmen. Zu große Anforderungen frustrieren Ihr Selbstwertgefühl. Nichts motiviert mehr als der Erfolg. Erschaffen Sie sich viele kleine Erfolgserlebnisse. Auf diese Weise verändern Sie verlässlich Ihre Gewohnheiten. Vielleicht langsamer, als dies Ihr innerer Antreiber gerne möchte, aber dafür nachhaltiger.

Haben Sie den Mut zu kleinen Schritten. Bedenken Sie, dass sich Ihre schlechten Gewohnheiten auch genauso aufgebaut haben: durch kleine Schritte.

Das Geheimnis der Lebenskünstler

Es läuft wieder einmal alles schief: Der Bus ist Ihnen vor der Nase weggefahren, im Supermarkt ist Ihre Lieblingsmarmelade vergriffen und der Partner erklärt, dass aus dem Wochenendausflug nichts wird, weil er arbeiten muss. Und vielleicht ist das noch nicht einmal alles, was Ihnen in die Quere kommt. Das kann einem ganz schön die Laune vermiesen, oder?

„Man muss halt akzeptieren, was man nicht ändern kann", höre ich Sie sagen. Gut, das ist schon einmal ein Anfang. Akzeptieren heißt, nicht mehr zu grollen, sondern anzunehmen und das Beste daraus zu machen. „Stimmt, aber das ist nicht immer leicht", höre ich Sie wieder. Ja, denn wir verbeißen uns oft in unsere Vorstellung, wie etwas sein soll. Manchmal benehmen wir uns wie kleine Kinder und wollen nur eine bestimmte Puppe und keine andere.

Was ist nun das Geheimnis der Lebenskünstler? Nicht nur notgedrungen zu akzeptieren, sondern sogar genau DAS zu wollen, was es gerade gibt: Prima, jetzt habe ich 20 Minuten freie Zeit, bis der nächste Bus kommt, außerdem habe ich ewig keine Stachelbeermarmelade mehr gegessen und jetzt ist die Gelegenheit, am Wochenende das zu machen, wozu ich meinen Partner nie bewegen kann. Schöne Aussichten, oder? Ja, aber nur, wenn Sie nicht darauf pochen, dass es Ihnen die Laune verdorben hat.

Wissen Sie übrigens, was mein Lieblingswetter ist? Immer das, was wir gerade haben!

Die Einstellung macht's

Haben Sie zu bestimmten Dingen Ihre eigene Einstellung? Das ist gut so. Genau genommen hat sie jeder, bewusst oder unbewusst. Meist merken wir dies erst, wenn uns etwas gegen den Strich geht. Immer dann, wenn uns etwas stört, wütend macht oder ängstigt, richtet sich etwas gegen unsere innere Einstellung zu dem Geschehen. Denn entspräche die Situation unserem Empfinden, wäre alles in Ordnung.

Schauen wir uns das Wort „Einstellung" einmal genauer an: Wir sind auf etwas eingestellt, das wir so gewählt haben. Wenn Sie bei ihrem Radio hierzulande die Frequenz 89,3 MHz einstellen, hören Sie hr3. Wollten Sie lieber Antenne Bayern hören, müssten Sie eine andere Einstellung wählen. Ähnlich ist es im „richtigen Leben". Haben Sie sich schon einmal gefragt, warum bestimmten Leuten immer wieder bestimmte Dinge passieren? Oder dass dies mal wieder typisch für den Betreffenden ist? Warum bekommt jeder das, was ihm zusteht? Wenn uns etwas nicht passt, sollten wir es ändern, das ist völlig in Ordnung. Aber manchmal haben wir keinen willentlichen Einfluss auf ein Geschehen. „Leave it, love it or change it" heißt ein Sprichwort auf Englisch. Wenn Ihnen im Leben etwas nicht gefällt und Sie es weder verlassen noch ändern können, bleibt nur, die passende Einstellung zu finden.

Wählen Sie einen anderen Sender, dann bekommen sie eine andere Musik. Das ist nicht immer einfach, aber es lohnt sich sehr!

Die Illusion von der Selbstdisziplin

„Letztendlich entscheidet nur die Selbstdisziplin darüber, ob jemand dauerhaft sein Gewicht hält und seine Gewohnheiten verändert!" Das hat man schon oft gehört. Aber stimmt das wirklich? Wie oft haben wir schon die Erfahrung gemacht, dass Selbstdisziplin eine sehr begrenzte Ressource ist. Wenn wir schon den ganzen Tag Selbstdisziplin aufbringen mussten, bleibt abends auf dem Sofa meist nicht mehr viel davon übrig. Wenn wir aber mit Disziplin nicht weiterkommen, stellt sich die Frage, was unser Verhalten wirklich steuert? Bekämen wir von jedem Stück Schokolade sofort eine Gallenkolik, bräuchten wir keine Disziplin. Ist jemand frisch verliebt und die Hormone tanzen Cha-Cha-Cha, braucht es auch wenig Willenskraft, sich selbst zu motivieren. Unser Verhalten wird nämlich überwiegend von zwei emotionalen Zuständen gesteuert: Schmerzvermeidung oder Lustgewinn.

Eine weitere Komponente ist die innere Haltung. Zum Beispiel braucht ein überzeugter Vegetarier keine Selbstdisziplin, um auf das Schnitzel zu verzichten, es ist noch nicht mal ein Verzicht für ihn.

Fazit: Wollen wir dauerhaft unser Verhalten verändern, sollten wir nicht auf Selbstdisziplin setzen, sondern auf die Steuerung unserer Emotionen. Entwickeln wir dazu noch eine gute innere Haltung und Ziele, haben wir so gut wie gewonnen. Jedes gute Verhaltenstraining baut auf diesen Komponenten auf.

Du sollst Vater und Mutter ehren

Leider ist eine gute Beziehung zu den eigenen Eltern nicht immer selbstverständlich. Sogar über den Tod hinaus kann der Groll überleben. Möglicherweise hätten Sie guten Grund dazu und würde vor einem moralischen Gericht verhandelt, bekämen Sie wahrscheinlich sogar Recht. Nur nützt Ihnen das leider nichts. Um Ihren Seelenfrieden zu finden, sollten Sie mit Wohlwollen auf Ihre Eltern blicken. Eltern wollen gute Eltern sein. Waren Ihre Eltern es nicht, dann konnten sie es wahrscheinlich nicht besser. Sicher gibt es dafür viele Gründe, an denen sie nicht nur allein schuld waren. Ursachen können in der Familiengeschichte liegen. Wurden Sie von Ihrer Mutter entmutigt, standen dahinter ihre eigenen Komplexe. Zählte für Ihren Vater nur Leistung, hat er wohl selbst nie Nähe und Liebe kennengelernt.

Ob es Ihnen gefällt oder nicht: Sie bekommen keine anderen Eltern mehr. Und weil die Elternbeziehung mehr Einfluss auf die Psyche hat, als den meisten Menschen bewusst wird, sollten wir die Verantwortung dafür selbst übernehmen. Sie können Ihre Eltern ein Leben lang anklagen und verurteilen oder Sie können sich entscheiden, inneren Frieden mit ihnen zu schließen. Mit Sicherheit haben oder hatten sie auch ihre guten Seiten. Lenken Sie Ihr Augenmerk auf diese und akzeptieren Sie als Erwachsener ihre Schwächen.

Übrigens: Das tun Sie nicht für Ihre Eltern, sondern nur für sich.

Eine Frage, die Ihr Leben verändern kann

Im Leben geht es nicht immer gerecht zu. Auch nicht so, wie Sie es gerne hätten. Manchmal fühlt man sich Menschen oder Situationen machtlos ausgeliefert. Es ist allzu menschlich, sich darüber zu beklagen und zu hadern. Selbst wenn Sie sich völlig zu Recht beklagen und alles nicht Ihr Verschulden ist, begeben Sie sich damit aber in die Opferrolle.

Eine kleine, ganz simple Frage kann Sie eigenverantwortlicher, stärker und zufriedener machen: „Was kann ICH tun?" Wenn Sie sich bei Problemen, Fehlern oder Konflikten konsequent diese Frage stellen, statt zu jammern und sich als ohnmächtiges Opfer zu betrachten, sind Sie bereits auf dem besten Weg zur Lösung. Sie haben die Wahl: Sie können Ihre Zeit und Energie dafür verwenden, in Grübeleien zu verharren, warum das Leben oder andere Menschen Ihnen so übel mitspielen oder was Sie alles falsch gemacht haben. Der bessere Weg ist, sich noch einmal in Ruhe anzuschauen, was alles schiefgegangen ist und welche Lehren Sie daraus ziehen können. Dann gilt es, Ihre Energie darauf zu richten, was Sie selbst tun können, um mit der Situation zurechtzukommen, das Problem zu lösen oder den Streit beizulegen.

Gehen Sie also raus aus der Opferrolle und nehmen Sie die Verantwortung für Ihr Glücklichsein selbst in die Hand.

Heilen Sie Ihre wunden Punkte

Rempelt Sie jemand versehentlich an und entschuldigt sich, sagen Sie wahrscheinlich: „Schon gut, nix passiert." Haben Sie jedoch einen blauen Fleck oder eine Verletzung an der Stelle, wird Ihre Reaktion wohl heftiger ausfallen: „Können Sie nicht aufpassen!" oder „So ein rüpelhaftes Benehmen!". Genauso ist es mit unseren seelischen Verletzungen, der Volksmund spricht von wunden Punkten. Werden diese getroffen, tut's besonders weh. Verständlich, wenn man dann auf den anderen wütend wird oder aber den Schmerz betäubt oder verdrängt und still vor sich hin leidet. Nur werden davon die Wunden nicht geheilt.

Kein Mensch möchte Schmerzen erleiden, weder körperliche noch seelische. Aber hätten wir zum Beispiel keine Zahnschmerzen, würde viel Schaden entstehen, ohne dass wir es rechtzeitig merken. Insofern ist jeder Schmerz eine Aufforderung, etwas zu reparieren oder sich zumindest darum zu kümmern. Wenn ich in meinem Leben zurückschaue, habe ich von meinen eigenen Verletzungen mehr gelernt als aus allen Psychologiebüchern. Aber ich muss auch die Bereitschaft zum Lernen aufbringen. Hinspüren, Hinschauen und Akzeptieren sind oft der notwendige Anfang für einen Heilungs- und Wachstumsprozess. Dann müssen eine Erkenntnis und eine Handlung folgen.

Auch wenn's schwerfällt, denken Sie immer daran: Wir haben keine Feinde auf dieser Welt, nur Freunde und Lehrer.

Ich kann nicht ...

Ausgesprochen ist „Ich kann nicht" schnell, womöglich ohne dass man Böses dabei denkt. Trotzdem hat jede Äußerung ihre Wirkung. Wie häufig sagen Sie „Ich kann nicht ..."? Diese gängige Redewendung trifft fast nie zu. Natürlich kann ein Querschnittgelähmter nicht laufen und ein Stummer nicht sprechen. Aber wie steht es mit Aussagen wie „Ich kann morgen nicht kommen" oder „Ich kann nicht zeichnen"? Sie entsprechen nicht der Wahrheit. Das Dumme ist: Durch die Formulierung glauben Sie selbst daran! Sie verstärkt Ihre Überzeugung, dass etwas nicht möglich ist. Damit verschließen Sie sich selbst eine Tür.

Viel ehrlicher wäre zu gestehen „Ich will nicht ...", denn damit gehen Sie aus der Hilflosigkeit in Ihre eigene Entscheidungsfreiheit. Haben Sie den Mut, dazu zu stehen – zumindest in Ihrem inneren Dialog. Nach außen sind kleine Schwindeleien manchmal gesellschaftsfähiger. „Ich will nicht ..." kann brüskierend wirken, „Ich kann nicht ..." wird oft stillschweigend akzeptiert. Denken Sie nur an Martin Luther, dem der berühmte Satz zugeschrieben wird: „Hier stehe ich, ich kann nicht anders."

Wenn es um Fähigkeiten geht, besteht eine gute Variante darin, das Wörtchen „noch" einzufügen: „Ich kann noch nicht ..." Damit lassen Sie sich ein Hintertürchen offen, durch das Sie – wenn Sie es möchten – schlüpfen können.

Ihr Glaube versetzt Berge

Lassen Sie etwas fallen, so fällt es auf den Boden. Es schwebt nicht etwa an die Decke. Dafür sorgt die Erdanziehungskraft. Physikalische Gesetze bewirken verlässlich, dass Flugzeuge fliegen, Autos auch noch bei hoher Geschwindigkeit lenkbar sind oder das Licht angeht, wenn Sie auf den Schalter drücken. Die Kausalität von Ursache und Wirkung ist bei lebloser Materie und von Menschenhand gebauten Apparaten sicher.

Anders sieht das bei beseelten Wesen aus. Denken wir nur an den Placebo-Effekt, bei dem ein Scheinmedikament die gleiche Wirkung erzielen kann wie ein echtes. Sogar Nebenwirkungen können von inhaltslosen Pillen ausgelöst werden (das nennt man Nocebo-Effekt). Der Überängstliche wird von schlechtem Essen krank – ein anderer verträgt es ohne Schaden. Dem Optimisten fliegt das Glück förmlich zu – dem Pessimisten klebt Pech an den Fingern. Warum ist das so? Bei lebendigen Wesen kommt zu der Kausalität noch eine dritte Komponente dazu: Ursache + Erwartung = Wirkung. Wer von der Echtheit des Medikaments überzeugt ist, erwartet eine heilende Wirkung. Das ist in allen Bereichen des Lebens so, nicht nur bei Medikamenten. Wer tief in seinem Innersten glaubt, etwas nicht verdient zu haben, wird es auch nicht bekommen. Unser Glaube und unsere Erwartungen erschaffen die Realität. Das lehrt uns die Quantenphysik.

Machen Sie sich diese Macht bewusst und nutzen Sie sie für sich!

„Immer" stimmt nie

„Ich bin immer so antriebslos", „Wir kriegen uns immer sofort in die Haare", „Ich lasse mich immer von anderen beeinflussen" – solche Beschreibungen mithilfe des Wörtchens „immer" sind im täglichen Sprachgebrauch gang und gäbe. Der große Nachteil dieser Verallgemeinerungen ist, dass sie das Problem aufblasen. Ein großes und schlimmes Problem lässt sich schwieriger lösen als ein kleines, weniger schlimmes. Bin ich tatsächlich „immer" antriebslos oder nur manchmal, in bestimmten Situationen oder zurzeit? Das Wort „immer" in Verbindung mit einem Symptom trifft nie ganz zu. Das kleine Wörtchen „immer" macht das Problem zudem schlimmer, als es in Wirklichkeit ist, weil es behauptet, dass das Problem in der Vergangenheit „immer" aufgetreten sei.

Erst wenn man eine Differenzierung vornimmt, kann sich ein Lösungsweg zeigen. Passen Sie auch in Streitgesprächen auf: Das Wort „immer" wirkt als zusätzlicher Verstärker: „Warum musst du eigentlich immer deine schlechte Laune an mir auslassen?" Oder: „Du machst es dir immer auf meine Kosten bequem!" Solch pauschale Übertreibungen kann man nicht ohne Widerspruch hinnehmen, sie heizt den Streit zusätzlich auf.

Gehen Sie deshalb vorsichtig und achtsam mit dem Wörtchen „immer" um. Am besten, Sie ersetzen es durch „oft" oder „manchmal". Das macht die Aussage erträglicher und entspricht wahrscheinlich auch eher der Wahrheit.

Lachen Sie über sich selbst

Wie anstrengend es doch ist, Fehler zu vertuschen! Peinlichkeit und Schamgefühle können einem ewig nachhängen und unser Selbstwertgefühl reduzieren. Oft bauen wir uns damit sogar Tabubereiche auf, die zu betreten wir uns dann gar nicht mehr getrauen.

Was hilft? Schminken Sie sich Ihren Perfektheitsanspruch ab! Ohne Fehler und Fettnäpfchen wären Sie wahrhaft ein armer Mensch. Wir wachsen und reifen an unseren Niederlagen und Fehlversuchen. Welche Art finden Sie sympathisch, wie andere Menschen mit ihren Missgeschicken umgehen? Unverkrampft und wenn ein Mensch über sich selbst lachen kann? Ja freilich! Das wichtigste und gesündeste Lachen ist das über sich selbst. Auch bedenkenswert: Wer über sich selbst lachen kann, wird am ehesten ernst genommen. Was spricht also dagegen, dies auch zu tun? Sie können es ja erst einmal im stillen Kämmerlein für sich selbst üben. Stellen Sie sich dabei vor, Sie seien ein Komiker, der sein Publikum mit seinen komischen Missgeschicken zum Lachen bringen will. Sie werden staunen, welch wunderbar komische Seiten Sie Ihrem Leben abgewinnen können! Wenn Sie nur die erste Klippe geschafft haben, wird es Ihnen leichter fallen, im Beisein von anderen über sich selbst zu lachen.

Und außerdem: Wenn Sie erst einmal gelernt haben, über sich selbst zu lachen, haben Sie die lebenslange Garantie für ein humorvolles Leben.

Leben Sie Ihr eigenes Leben

Haben Sie Ziele im Leben? Wissen Sie, was Sie wollen? Liest man Biografien berühmter Menschen, wird oft geschildert, dass frühe Visionen und Wunschträume den Lebenslauf maßgeblich beeinflusst haben. Es gibt kaum eine stärkere Antriebskraft als einen Lebenstraum, in den man sich verliebt hat. Ein Traum, der zu Ihnen passt, den Sie selbst für sich gewählt haben.

Wofür leben Sie? Sie müssen nicht berühmt werden und sich nicht in Geschichtsbüchern verewigen, aber leben Sie Ihr eigenes Leben! In einer chassidischen Geschichte erzählt Rabbi Susja: In der kommenden Welt wird man mich nicht fragen: „Warum bist du nicht Mose gewesen?" Man wird mich vielmehr fragen: „Warum bist du nicht Susja gewesen? Warum bist du nicht das geworden, was du eigentlich hättest werden sollen?" Peter Rosegger sagte: „Das Dasein ist köstlich, man muss nur den Mut haben, sein eigenes Leben zu führen." Als Original geboren, sterben die meisten Menschen als Kopie. Am Ende stellt sich die Frage: Was haben Sie aus Ihrem Leben gemacht? Was Sie am Ende wünschen getan zu haben, das tun Sie jetzt. Niemand weiß, wie lange noch Zeit dafür bleibt.

Wenn Ihnen dieser Impuls zu denken gibt, dann hat er seinen Zweck erfüllt. Der Mensch soll zwar „edel, hilfreich und gut" sein, aber er darf sich dabei selbst nicht vergessen. Wenn jeder an sich selbst denkt, ist an jeden gedacht.

Mein Gott, ist das peinlich

Wem ist das nicht schon passiert: Sie sind voll ins Fettnäpfchen getreten oder Sie haben sich ganz schön blamiert. Peinlich, peinlich, aber Sie können es nicht mehr rückgängig machen. Am liebsten möchte man alles ganz schnell vergessen, aber das geht nicht. Vielmehr begleitet einen das unangenehme Gefühl viel länger, als einem lieb ist. Plagt Sie manchmal Ihr schlechtes Gewissen oder ärgern Sie sich über sich selbst?

Fakt ist: Alle Menschen kommen mal in eine peinliche Situation. Ein falsches Wort zur falschen Zeit oder ein volles Glas Rotwein macht sich selbstständig: Es gibt unendlich viele Gelegenheiten, sich heftig zu blamieren. Ein kleiner unüberlegter Moment, ein Auftritt geht voll in die Hose, eine peinliche Situation im Rampenlicht der Öffentlichkeit, oder, oder, oder ... Sie denken jetzt vielleicht, dass Sie künftig Peinlichkeitsfallen allein mit mehr Selbstbeherrschung umgehen können? Falsch! Pleiten, Pech und Pannen sind einfach menschlich. Davon lebt sogar eine Fernsehsendereihe schon seit über 30 Jahren. Das gilt auch für Ihre eigenen Pannen.

Setzen Sie sich nicht selbst unnötig unter Druck, sondern nehmen Sie das Geschehene an als Beweis dafür, dass auch Sie nur ein Mensch sind. So kommen Sie gestärkt aus dem Dilemma heraus. Sie können peinliche Situationen nicht gänzlich verhindern, aber Sie können lernen, souverän damit umzugehen.

Mr. Spock oder Captain Kirk?

Sind Sie ein Kopf- oder ein Bauchmensch? Täglich müssen wir Entscheidungen treffen, kleinere, größere, belanglose oder wichtige. Oft fühlen wir uns zwischen zwei oder gar mehreren Alternativen hin- und hergerissen. Natürlich kann man eine Punkteliste führen und Vor- und Nachteile bewerten. Aber was, wenn sich diese die Waage halten oder wenn der Kopf „ja" errechnet, aber der Bauch rebelliert? Man könnte sich auch von guten Freunden oder Fachleuten beraten lassen und bei belanglosen Dingen reicht es vielleicht, eine Münze zu werfen. Das Beste ist es jedoch, seine Entscheidungen selbst zu fällen, denn schließlich geht es ja um Ihr Leben, oder?

Wer verstehen will, woher kluge Entscheidungen kommen, muss sich von der herkömmlichen Vorstellung verabschieden, es ginge immer nur um Vernunft und logisches Denken. Bei solch einem Denkmodell werden „Bauchgefühle" als unliebsame Störenfriede empfunden. „Sei doch mal vernünftig!" oder „Schau doch einmal genau hin!" sind oft gebrauchte Redensarten. Der „Vulkanier" Mr. Spock mit seinen spitzen Ohren aus „Star Trek" könnte dafür Pate stehen. Erstaunlicherweise sind es aber auch Captain Kirk, „Scotty" oder „Pille" mit runden Ohren und dem richtigen Riecher, die bei der Geschichte letztendlich zu einem guten Ende beitragen. Gemeinsam mit Mr. Spock bilden alle ein unschlagbares Team.

Nehmen Sie Ihre Gefühle nicht allzu ernst

Zugegeben: Die Überschrift will irritieren. Man soll doch gerade auf seine Gefühle achten, predigen alle psychologischen Ratgeber. Dem möchte ich nicht widersprechen. Aber mit den Gefühlen ist das so eine Sache: Oft sind sie unberechenbar wie das Wetter. Man fühlt sich wie aus heiterem Himmel positiv und optimistisch oder depressiv und niedergeschlagen, ohne einen triftigen Grund dafür zu finden. Offenbar hat sich in der Atmosphäre des Unterbewusstseins unbemerkt irgendwas zusammengebraut. Oft führt das Suchen nach den Gründen zu keinem Erfolg.

Fühlen Sie sich gut, dann genießen Sie es und nutzen Sie die Gunst der Stunde. Fühlen Sie sich bedrückt, betrachten Sie Ihre Gefühle wie das Wetter: Selbst der schlimmste Sturm und die trübste Regenfront gehen irgendwann wieder vorüber und danach folgt Sonnenschein. Suchen Sie nicht nach den Ursachen Ihrer Gefühls-Schlechtwetterfront, sonst rutschen Sie tiefer in negative Gefühle ab. Hüten Sie sich auch vor Selbstzuschreibungen wie „Bei mir geht immer alles schief" oder „Warum darf nicht auch ich ein bisschen glücklich sein?".

Nochmal: Nehmen Sie negative Gefühle nicht allzu ernst. Denken Sie bei jedem Gefühlstief daran, dass negative und positive Stimmungen einander ablösen. Das gehört zum Leben. Auch der strahlendste Sonnyboy kennt schlechte Phasen und sogar der griesgrämigste Zeitgenosse kann bisweilen herzhaft lachen.

Nichts ist beständiger als der Wandel

Haben Sie in guten Phasen Ihres Lebens manchmal den Wunsch: So ist es gut, so könnte es immer bleiben? Leider ist das eine trügerische Hoffnung. Ein kleines Beispiel: Sie haben einen nagelneuen Computer. Hardware und Software sind auf dem neuesten Stand der Technik. „Das hält für immer", ist vielleicht Ihr Wunsch. Es wird aber nicht allzu lange dauern, bis neuere Programme und Anwendungen auf Ihrem „alten" Gerät nicht mehr gut laufen. Die neue Technik hat Sie schnell wieder eingeholt. Wollen Sie diese nutzen, bleibt Ihnen nichts anderes übrig, als nachzurüsten und zu erneuern.

Auch wenn etwas noch so gut ist, irgendwann muss es verändert oder angepasst werden. Eine alte Wahrheit ist: Wer nichts verändern will, wird auch das verlieren, was er unbedingt behalten möchte. Manchmal eine unbequeme Erkenntnis, die man aber nicht einfach leugnen kann. Zwar ist auch „Never change a running system" ein kluges Sprichwort, aber wenn etwas nicht mehr gut läuft, müssen Änderungen her. Das gilt für technische Geräte und Gegenstände genauso wie für menschliche Beziehungen, zu sich und zu anderen. Auch diese brauchen regelmäßig ein Update, damit sie weiterhin gut funktionieren.

Seien Sie achtsam, wo sich in Ihrem Leben etwas ändern muss. Bewahren Sie das Gute und krempeln Sie wenn nötig die Ärmel hoch für Veränderungen.

Optimist oder Realist?

„Alles ist machbar, man muss es nur wollen!", „Du musst nur daran glauben, denn der Glaube versetzt Berge!", eine Fernsehfee prophezeit „Alles wird gut!" und ein Autohersteller behauptet „Nichts ist unmöglich!". Wir leben inzwischen in einem Land der unbegrenzten Möglichkeiten. Zumindest wird uns das suggeriert. Jeder soll optimistisch sein und das berühmte Glas nicht halb leer, sondern halb voll sehen. Nur erleben wir oft, dass eben nicht alles gut oder machbar ist und wir auch an Grenzen kommen.

Zweifellos ist Optimismus besser als Pessimismus. Keine Frage. Aber man darf an einem wichtigen Faktor nicht vorbeischrammen: am Realismus. Selbst der begnadetste Optimist muss eingestehen, dass das Glas eben nicht randvoll ist. Wenn die Tankuhr halb voll anzeigt, wäre es doch ziemlich dumm, positiv gestimmt damit in die Wüste zu fahren, um dann zehn Kilometer vor der Oase liegen zu bleiben. Wenn man Glück hat. Der Realist würde den halb vollen Tank akzeptieren, zur Tankstelle fahren und volltanken. Wahrscheinlich würde er auch noch einen Reservekanister mitnehmen, um die Oase auch sicher zu erreichen.

Fazit: Sehen Sie nicht alles optimistisch, sondern seien Sie realistisch. Lenken Sie Ihr Augenmerk auf das Gelingen statt auf das Scheitern, aber vergessen Sie nicht, in die Hände zu spucken und für das Gelingen zu sorgen.

Passen Sie auf, was Sie denken

Die Dinge sind nie so, wie sie sind, sondern immer so, wie wir glauben, dass sie sind. Ein Mann bekommt nachts in einem Gasthof große Atemnot. Da sich das Fenster nicht öffnen lässt, schlägt er in seiner Verzweiflung die Scheibe ein und bekommt so scheinbar genug Luft zum Atmen. Am nächsten Morgen sieht er, dass er die Scheibe eines Schranks eingeschlagen hat. Auch ein Placebo kann also wirksam sein, obwohl es keinen Wirkstoff enthält. Allein der Glaube, es sei ein Medikament, kann die Wirkung verursachen.

In allen Bereichen des Lebens haben wir Meinungen und Haltungen, die für uns innere Wahrheiten sind: „In meinem Alter stellt mich niemand mehr ein", „So wie ich aussehe, finde ich keinen Freund", „Das kann ich nicht", „Wenn es mir gut geht, erwecke ich den Neid der anderen".

Immer wenn Sie sich bei solchen Gedanken ertappen, halten Sie inne und fragen Sie sich: „Stimmt das wirklich? Hilft mir diese Einstellung weiter? Was bewirke ich damit?" Der Glaube versetzt nicht nur Berge, negativer Glaube kann Berge vor uns errichten! Unser Leben, so wie es ist, steht auf den Grundmauern unserer Einstellungen und dem Glauben daran, wie die Dinge sind. Unser künftiges Leben hängt entscheidend davon ab, was wir glauben, was wir erwarten und was wir für wahrscheinlich halten. Passen Sie auf, was Sie denken!

Perfektionismus rechnet sich nicht

Sind Sie auch ein Perfektionist? Machen Sie gerne alles hundertprozentig? Dann sollten Sie schleunigst umdenken. Nicht nur, dass Perfektionismus viel Druck und Stress verursacht, er rechnet sich auch nicht. Der italienische Ökonom Vilfredo Pareto hat schon vor rund einhundert Jahren das nach ihm benannte Paretoprinzip entdeckt. Er untersuchte die Besitzverhältnisse in verschiedenen Ländern. Dabei bemerkte er eine ungleiche Verteilung: Rund 20 Prozent der Bevölkerung hatte 80 Prozent des Reichtums für sich. Später fand man heraus, dass sich dieses 80:20-Verhältnis auch in vielen anderen Bereichen beobachten lässt: Unternehmen machen 80 Prozent ihres Umsatzes mit 20 Prozent ihrer Kunden, 80 Prozent der Leistung wird in 20 Prozent der Arbeitszeit vollbracht und 20 Prozent Ihrer Kleidung tragen Sie zu 80 Prozent.

Machen Sie sich das Paretoprinzip zunutze. Es bedeutet nämlich, dass Sie mit 20 Prozent Ihrer Anstrengungen 80 Prozent Ihres persönlichen Erfolges erzielen. Um die restlichen 20 Prozent zu erreichen, müssten Sie nun noch viermal mehr aufwenden. Das rechnet sich nicht.

Erkennen Sie, was Ihnen wirklich nutzt und was nur Arbeit kostet. Lassen Sie konsequent alles weg, das Sie nicht weiterbringt und mehr Mühe macht, als es Effekt bringt. Das ist doch mal ein Tipp, der keine zusätzliche Arbeit macht, sondern Arbeit spart. Wäre das nicht auch was für Sie?

Raus aus der Komfortzone

Mal ehrlich: Machen Sie es sich auch gerne bequem? Fällt es Ihnen eher schwer, unliebsame Eigenarten zu verändern, Ihre Ansichten zu Dingen anzupassen oder auch einmal fünfe gerade sein zu lassen? Dann befinden Sie sich in guter Gesellschaft mit den meisten Menschen. Sich aus seiner Komfortzone hinauszubewegen kostet mehr Kraft, als Routine abzuspulen. Selbst dann, wenn man merkt, dass eine Änderung gut täte, ist es schwierig, über den eigenen Schatten zu springen. Stattdessen erfindet man gerne Ausflüchte, redet sich ein, etwas sei doch gar nicht so schlimm oder man werde es zu einem späteren Zeitpunkt ändern.

Was genau ich meine, fragen Sie mich? Das werden Sie schon selbst wissen, ist meine Antwort. Jeder hat seine Themen und Hausaufgaben. Und wie das mit Hausaufgaben so ist: Wenn man sie gemacht hat, fühlt man sich besser und ist ein Stück weitergekommen. Sie müssen sich ja nicht gleich um 180 Grad drehen, aber spürbare Korrekturen in die richtige Richtung würden Ihnen und Ihren Mitmenschen wahrscheinlich sehr gut tun. Dazu müssen Sie etwas Kraft aufbringen.

Unter den Ironman-Teilnehmern gibt es ein Sprichwort: „Es geht nur darum, wer am meisten leiden kann." Niemand verlangt von Ihnen, für einen Ironman zu trainieren. Aber immer mal die Komfortzone zu verlassen, ist eine gute Übung.

Schauen Sie nicht auf Ihr Brett

Ja, ich weiß, positiv zu denken ist wirklich nichts Neues. Das hat man schon tausend Mal gehört: Du musst ans Gelingen denken und nicht ans Scheitern. Du musst dir vorstellen, dass alles gut ausgeht. Du musst an dich glauben. Diese Haltung trichtert man schon kleinen Kindern ein, wenn sie vor Herausforderungen stehen. Aber die Angst, dass es eben nicht gut ausgehen könnte, dominiert die Gedanken. Deshalb ist es eine gar nicht so einfache und lebenslange Aufgabe, zu trainieren, den Fokus auf das gewollte Positive zu lenken.

Das können wir von Karatekämpfern lernen: Wollen sie ein Brett zerschlagen, zielen sie auf einen Punkt, der zehn Zentimeter unterhalb des Brettes liegt. Damit beschäftigen sie sich mental nicht mehr mit dem Hindernis, sondern mit der Vorstellung des zerschlagenen Brettes.

Wenn Sie schwierige Herausforderungen zu bewältigen haben, schauen Sie also nicht auf Ihr „Brett". Stellen Sie sich vor, wie Sie die Situation schon gemeistert haben und wie gut Sie sich dabei fühlen werden. Das gibt Kraft und Mut, die Sie für das Gelingen dringend brauchen. Sie beeinflussen damit sogar andere Menschen. Stellen Sie sich bei einer schwierigen Kommunikation vor, wie der andere Sie wohlwollend behandelt und Ihnen Sympathie entgegenbringt. Er wird eine andere Energie spüren, als wenn Sie ihm mit Misstrauen und Angst begegnen. Probieren Sie es aus!

Vorsicht Spiegelneuronen

Wir Menschen sind hochgradig beeinflussbar. Im Guten wie im Bösen. Wir sind eben Rudeltiere, ähnlich wie Hunde, die man bekanntlich bestens dressieren kann. Mit Katzen geht das nicht so gut, weil sie Einzelgänger sind. Bei Menschen, die uns wichtig sind und mit denen wir uns verbunden fühlen, springen sofort sogenannte Spiegelneuronen im Gehirn an. Das haben Hirnforscher festgestellt. Auf diese Weise kopieren wir Verhaltensweisen, Einstellungen, Ansichten, Gestik und Mimik der Bezugspersonen aus unserem „Rudel". Deshalb lacht jemand genau wie die Mutter oder hat die Art ganz wie der Vater. Spiegelneuronen sind bis ins hohe Alter aktiv, deshalb sind wir ein Leben lang für Beeinflussungen empfänglich. In Werbung werden Milliarden investiert, weil sie verlässlich funktioniert.

Da wir uns den Einflüssen anderer Menschen nicht entziehen können, sollten wir aufpassen, wem wir diese Macht einräumen. Nicht jeder tut uns gut. Missmut, negatives Denken oder Pessimismus sind ansteckend. Ein mentales Bild, das sich bewährt hat: Stellen Sie sich eine kugelsichere Weste vor, die Sie blitzartig in dem Moment umgibt, wenn Ungutes von anderen kommt. Ist die Luft wieder rein, kann sich das Herz wieder öffnen.

Am allerbesten: Umgeben Sie sich mit Menschen, die Ihnen gut tun!

Wie der Bauch beim Entscheiden hilft

Ich glaube, der liebe Gott hat es ganz einfach eingerichtet: Ein gutes Gefühl soll uns sagen, dass wir für uns auf dem guten Weg sind, und ein schlechtes Gefühl soll anzeigen, dass etwas nicht stimmt. Wir nennen dies auch Intuition oder Bauchgefühl.

Nur steckt bekanntlich der Teufel im Detail. Die Frage ist nämlich: Woher kommt das schlechte Gefühl, das uns ja sagen soll, dass etwas nicht stimmt? Haben wir ein schlechtes Gefühl einem anderen Menschen gegenüber, dann kann das eine reale Intuition sein oder eine neurotische. Vielleicht erinnert es einen unbewusst an den ungerechten Mathematiklehrer oder den strengen Vater, dem man nie etwas recht machen konnte. Und weil gebranntes Kind Feuer scheut, können sich auch immer neurotische Gefühle aufgrund früherer Schwierigkeiten in das aktuelle Leben einmischen.

Was kann man da machen? Säubern Sie ihren „Bauch" von negativen Gefühlen, indem Sie alles, was Ihnen aus Ihrer Vergangenheit noch nachhängt, aufarbeiten. In dem Maße, wie Sie mit Ihrer Vergangenheit Ihren Frieden gefunden haben, können Sie wieder Ihrer Intuition vertrauen. Das heißt natürlich nicht, dass Sie künftig immer nur gute Gefühle haben werden, denn so hat es der liebe Gott auch nicht angelegt.

Bedenken Sie: Ein gesundes Warnsystem aus dem Bauch heraus kann sehr hilfreich, ja sogar überlebenswichtig sein.

Willst du gelten, mach dich selten

Nascht Ihr Kind liebend gerne Süßigkeiten? Würden Sie das gerne unterbinden oder zumindest einschränken? Dann vermeiden Sie den Fehler, die Süßigkeiten zu verbieten, denn das führt laut einer Studie nur zu größerer Naschsucht.

Wissenschaftler haben erforscht, dass Kinder, die freien Zugang zu Schokoeiern hatten, anfangs zwar mehr naschten als Altersgenossen, die feste Rationen bekamen. Am Schluss aßen die frei entscheidenden Kinder aber insgesamt weniger, so fanden die Psychologen heraus. Die Erkenntnis daraus: Für die Entwicklung langfristig gesunder Essenmuster sollte man den Kindern mehr eigene Entscheidungsfreiheit lassen. Auch Erwachsene tappen in dieselbe Falle, wenn sie sich selbst etwas verbieten. Reaktanz heißt das Fremdwort für die Abwehrreaktion, die bei psychischem Druck aufkommt oder wenn eigene Freiheitsspielräume eingegrenzt werden.

Mal ehrlich: Hätten wir dafür teure Studien gebraucht und einen Fachbegriff? Wir wissen doch alle: Am attraktivsten ist immer das, was wir nicht haben können. „Rara sunt cara", hieß es schon bei den Römern. Auf gut Deutsch: Seltenes ist teuer. Das lässt sich in vielen Lebenslagen beobachten: Vergebene Partner wirken oft attraktiver, knappe Produkte begehrenswerter. Das ist Reaktanz. Auch der Volksmund weiß: „Willst du gelten, mach dich selten."

Was Hänschen nicht lernt, das lernt eben Hans

Die Hirnforschung macht's möglich: Im Computerzeitalter kann man das Gehirn scannen und dem Menschen regelrecht beim Denken zuschauen. Inzwischen weiß man, dass sich die Hirnzellen, die Neuronen, dauernd verändern und somit lernfähig sind. Damit ist wissenschaftlich bewiesen: Es ist möglich, sein Verhalten oder seine Einstellungen auch dauerhaft zu verändern und neue Fähigkeiten zu erwerben. Sogar bis ins hohe Alter. Voraussetzung ist allerdings eine emotionale Beteiligung, denn nur dann wird das Hormon Dopamin ausgeschüttet, das als Klebstoff für neue Neuronenverbindungen dient. Deshalb lernen wir auch immer das besonders gut, was uns Spaß macht, wovon wir begeistert sind. Was uns nicht interessiert, bleibt erst gar nicht hängen.

Wollen wir also unser Verhalten verändern oder neue Fähigkeiten erwerben, müssen wir dafür sorgen, dass Dopamin produziert wird, indem wir uns dafür begeistern. So kann auch Hans noch lernen, was er als Hänschen nicht gelernt hat. Es ist nie zu spät, sich zu verändern. Aber nur, wenn wir es mit Spaß und Lust angehen. Die Freude macht's.

Das moderne Coaching und Verhaltenstraining nutzt diese Erkenntnisse der Hirnforschung und bewirkt so oft erstaunliche, dauerhafte Veränderungen.

Wo die Angst ist, geht's lang

Haben Sie gerne Angst? Blöde Frage! Angst ist immer mit Beklemmungen, Fluchtgedanken und Vermeidungsstrategien verbunden. Das ist ganz normal. Wäre es also besser, vor nichts mehr Angst zu haben? Um Gottes willen, das wäre selbstmörderisch! Sogar (oder gerade!) ein Stuntman benötigt eine gehörige Portion Angst und Respekt vor der Gefahr, um nicht zu wagemutig zu werden. Angst ist ein lebenswichtiger Wegweiser oder auch ein Stoppschild.

Aber auch immer zu Recht? Wenn reale Gefahr droht, dann ja. Sind wir aber lediglich zu feige, dann nein. In diesem Fall nämlich machen wir immer wieder den gleichen Stiefel und bewegen uns nicht von der Stelle. Wir müssen auch mal der Angst die Stirn bieten und mutig etwas tun, was wir uns bisher nicht getraut haben. Denn lassen wir immer unsere Angst gewinnen, schwinden die Lebenskräfte. Als die beste Art, die Angst zu besiegen, hat sich bewährt, etwas zu tun, wovor man Angst hat.

Der Weg zur Weiterentwicklung und zum Lebensglück führt immer durch die Angst hindurch. Es gibt keine Abkürzung. Wenn wir destruktive Angst nicht überwinden, bleibt unser Leben immer hinter unseren Möglichkeiten zurück.

Haben Sie Mut! In meinen Kursen ermutige ich oft bei passender Gelegenheit mit der Aufforderung: „Wo die Angst ist, geht's lang." Kein schlechtes Motto, wie ich finde.

KAPITEL 3

Für ein gelingendes Miteinander

Man sollte sich die Gelassenheit eines Stuhls zulegen, der muss auch mit jedem Arsch klarkommen.

„Sprich nie Böses von einem Menschen, wenn du es nicht gewiss weißt! Und wenn du es gewiss weißt, so frage dich: Warum erzähle ich es?"

Johann Kaspar Lavater

Bloß kein Mitleid

Wie geht es Ihnen, wenn es einem Ihrer Nächsten schlecht geht? Lässt Sie das kalt? Nein? Gott sei Dank. Leiden Sie sogar mit? Ja? Dann lohnt es sich, etwas genauer hinzuschauen. Mitleid oder Mitgefühl – das macht einen entscheidenden Unterschied! Mitgefühl heißt, den anderen wahrnehmen, sich ihm zuwenden und ihn meist auch wertschätzen. Der andere fühlt Verbundenheit, Trost oder gar Liebe. Und Mitleid? Es fügt Leid hinzu, wo schon genug davon ist. Mitleid heißt, den anderen bedauern, ihm sein Unglück widerspiegeln und ihn noch mehr runterziehen. So gesehen kann man gut verstehen, warum ein im Rollstuhl sitzendes Unfallopfer kein Mitleid gebrauchen kann.

Dennoch heißt es: „Geteiltes Leid ist halbes Leid." Das trifft dann zu, wenn Sie dem anderen wirklich etwas abnehmen können, Arbeit zum Beispiel, Verantwortung oder Geldprobleme. Nicht Krankheit, Angst oder Schmerzen. In diesem Fall hieße es: „Mitleid ist doppeltes Leid."

Manch einer traut sich auch gar nicht, es sich selbst gut gehen zu lassen, wenn es einem seiner Lieben schlecht geht. Hilft das? Im Gegenteil. Gerade wenn der andere eine Krise meistern muss, kann er jede gute Energie aus seinem nahen Umfeld gebrauchen.

Wenn es Ihrem Nächsten schlecht geht, dann sorgen Sie umso besser für sich selbst! Bloß kein Mitleid.

Das haben wir schon immer so gemacht

Killerphrase wird eine solche Aussage genannt. Oder Totschlagargument. Ausgesprochen von Schnarchnasen, die ihre Zeit bis zur Rente möglichst schadlos absitzen wollen und allen Fortschritt blockieren. So will es zumindest das Klischee, das allzu gerne bedient wird. Also dann lieber jung, dynamisch, erfolgreich, auf jede neue Idee springen und das bewährte Alte über Bord werfen? Auch nicht der wahre Jakob. Wie immer liegt die Wahrheit in der Mitte – und das nicht nur im Berufsleben. Auch im privaten Alltag kleben wir oft wie zäher Leim an Gewohntem und stehen uns damit selbst im Weg. Was könnten wir alles erleben, wenn wir uns bloß ein bisschen mehr trauen würden!

Bevor wir jetzt alle Konservativen und Zögerer ungespitzt in den Boden rammen, naht kompetente Hilfe von den Hirnforschern. Sie haben herausgefunden, warum der Homo sapiens gern Neues ablehnt und lieber den alten Stiefel weitermacht: Dopamin heißt der Zaubersaft, ein Neurotransmitter, der vom Belohnungssystem im Gehirn ausgeschüttet wird. Und zwar zuerst dann, wenn Altbekanntes wahrgenommen wird. Beim zweiten Nachdenken kann sich das Neue schon etwas vertrauter anfühlen. Immerhin, das erste Dopamin ist im Anmarsch und der Antrieb, sich auf etwas Ungewohntes einzulassen, wird umso stärker, je mehr man sich mit dem neuen Gedanken befasst. Es lohnt sich also, zumindest offen für Neues zu sein, anstatt es gleich abzulehnen.

Das Leid der Oase

Dem Philosophen Arthur Schopenhauer haben die Menschen viel zu verdanken. Seine Lehren aus der Erkenntnistheorie, Ästhetik und Ethik werden auch gut 150 Jahre nach seinem Tod noch geschätzt. Wie viele große Denker nutzte auch er Geschichten, um wichtige Dinge verständlich zu machen:

Es war einmal eine wundervolle Oase. Sie grünte in einer Pracht, die schöner kaum sein konnte. Eines Tages blickte die Oase sich um, sah aber ringsum nichts anderes als die Wüste. Vergebens suchte sie nach ihresgleichen und wurde ganz traurig. Laut begann sie zu klagen: „Ich unglückliche, einsame Oase! Allein muss ich bleiben! Nirgends meinesgleichen. Nirgends jemand, der Freude an mir und meiner Pracht hat. Nichts als die traurige, sandige, felsige, leblose Wüste umgibt mich. Was helfen mir hier in meiner Verlassenheit all meine Vorzüge und Reichtümer?" Da sprach die alte und weise Mutter Wüste: „Mein Kind, wenn es denn anders wäre und nicht ich – die traurige, dürre Wüste – dich umgäbe, sondern wenn alles um dich herum blühend, grün und prachtvoll wäre, dann wärst du keine Oase. Du wärst dann kein begünstigter Fleck, von dem noch in der Feme die Wanderer rühmend erzählen. Du wärst nur ein kleiner Teil von mir und bliebest unbemerkt. Darum also ertrage in Geduld, was die Bedingung deiner Auszeichnung und deines Ruhmes ist!"

Die Moral? Darf sich jeder selbst aussuchen!

Die drei Söhne

Zu allen Zeiten haben Menschen sich Geschichten erzählt, aus denen tiefgründige Wahrheiten hervorgehen. Diese erreichen bis heute eine größere Wirkung als Gebote mit erhobenem Zeigefinger. Hier folgt eine Geschichte des russischen Philosophen und Schriftstellerns Leo N. Tolstoi. Den tiefgründigen Sinn möge jeder selbst erforschen.

Drei Frauen kommen an einen Brunnen, um Wasser zu schöpfen. Sie erzählen von ihren drei Söhnen. „Meinen Sohn solltet ihr singen hören", sagte die erste, „das tönt so schön, als wenn eine Nachtigall singen würde." Die zweite sagte: „Mein Sohn ist stark und schnell. Er schleudert einen Stein fast bis zu den Wolken und fängt ihn wieder auf." Die dritte schwieg. Da fragten die anderen: „Und dein Sohn?" „Was soll ich erzählen", sagte sie, „mein Sohn ist ein junger Bursche wie andere auch." Nun machten sich die drei Frauen auf den Heimweg. Die Sonne brennt, der Wassereimer wird schwer. Da kommen den drei Frauen ihre drei Söhne entgegen. Der Erste singt so schön wie eine Nachtigall, der Zweite schleudert Steine in die Luft und fängt sie wieder. Der Dritte aber läuft zu seiner Mutter und nimmt ihr den Eimer ab.

Ein alter Mann neben dem Brunnen hat alles mit angesehen. Eine der drei Frauen fragt ihn: „Nun, was sagst du zu unseren drei Söhnen?" „**Drei** Söhne?", fragte der Alte, „Ich sehe nur **einen**!"

Die Höflichkeit der Könige

Pünktlichkeit ist die Höflichkeit der Könige. Diese Redewendung geht auf den Ausspruch des französischen Königs Ludwig XVIII. zurück. Bitte entschuldigen Sie, wenn ich in diesem Impuls auf Selbstverständlichkeiten hinweise. Können Sie die nachstehenden vier Punkte für sich abhaken, freuen Sie sich. Wenn nicht, betrachten Sie sie als Anregung, wieder sorgsamer mit Dingen umzugehen, die unser Zusammenleben reibungsloser und angenehmer machen.

Höflichkeit – „Bitte" und „Danke" zu sagen, bringt man schon kleinen Kindern bei. Oder sich zu entschuldigen, wenn man jemanden irgendwie behelligt hat. Tun Sie das nicht als Floskeln ab. Mit Höflichkeit bringen Sie Respekt für den anderen zum Ausdruck.

Pünktlichkeit – ist nicht nur eine Frage der Höflichkeit: Wer pünktlich ist, signalisiert Wertschätzung und dass man sich auf Sie verlassen kann. Kleine Verspätungen, zum Beispiel verkehrsbedingt, sind akzeptabel und zudem gibt es ein Telefon, sogar ein mobiles.

Interesse – Smalltalk lässt sich nicht immer ganz vermeiden. Machen Sie sich aber zur Regel, dem anderen zuzuhören und auf seine Worte einzugehen. Sie erwarten das von anderen auch, oder?

Zuverlässigkeit – fängt schon damit an, nur das zu versprechen, was man auch einhalten kann. Stellt man fest, dass dies doch nicht möglich ist, sagen Sie offen und ehrlich ab – je eher, desto besser.

Du kannst mich mal

Eine „dusselige Kuh", ein „Depp" oder ein „Idiot" ist schnell herausgerutscht. Freilich nicht Fremden gegenüber, nein, der Partner muss die Kröte schlucken. Mag sein, dass der oder die andere sich falsch verhalten hat, aber warum behandeln wir die Menschen, die wir am meisten lieben, oft schlechter als völlig Fremde? Warum zeigen wir uns verständnisvoll, wenn ein Kollege etwas vergisst, und reagieren gereizt mit „Auf dich kann man sich aber auch gar nicht verlassen!" beim eigenen Partner? Warum gähnt er ungeniert, wenn sie etwas erzählt, oder sie schnauzt ihn an: „Du kannst mich mal, mach's doch selbst."

Wahrscheinlich glauben wir, uns dies den eigenen Lieben gegenüber leisten zu können. Viele Menschen sind so gestresst, dass sie sich in nahen Beziehungen keine Mühe mehr geben wollen. Sie halten die Liebe für einen Selbstläufer. Aber Liebe ist nicht so strapazierfähig, wie wir sie gern hätten. Häufig sind es nicht die großen Vertrauensbrüche wie Fremdgehen, die sie kaputt machen, sondern die Anhäufung vieler kleiner Verletzungen und Respektlosigkeiten. Böse Worte vergisst der andere nicht. Sie sind wie ein nicht abbaubares Gift, das sich im Herzen speichert und eine Beziehung auf Dauer töten kann.

Lassen Sie wieder mehr Respekt in Ihre Partnerschaft einkehren, auch (oder gerade wenn) Sie nicht mehr frisch verliebt sind.

Ein Freund, ein guter Freund ...

„... das ist das Schönste, was es gibt auf der Welt" – sangen einst die „Drei von der Tankstelle". Wie wahr. Verhaltensforscher haben in Studien belegt, dass funktionierende Freundschaften und gute soziale Kontakte einer der wichtigsten Garanten für ein langes und gesundes Leben sind.

Wohl dem, der (wie ich) sagen kann, dass seine Freundschaften auch noch herzlich sind, wenn man sich monatelang nicht mehr gesehen oder gesprochen hat. Aber mit Freundschaften ist das wie mit fast allen Dingen im Leben: Sie müssen auch gepflegt werden. Das geht nicht über Facebook, denn mit Freunden und Freundschaften haben die Facebook-Kontakte nichts zu tun. Keiner dieser Pseudo-Freunde ist für einen da, wenn man Hilfe oder ein offenes Ohr braucht oder einfach das Gefühl der Vertrautheit. Pflegen Sie Ihre wirklichen Freundschaften, denn sie sind sehr kostbar.

Freundschaften kann man nicht kaufen. Sie sind herangereift in einem angenehmen Klima. Bevor eine Freundschaft zu verwelken beginnt, ergreifen Sie lieber die Initiative. Warten Sie nicht auf den runden Geburtstag. Greifen Sie einfach mal zum Telefon und fragen Sie: „Hast du Lust, heute Abend ein Gläschen mit uns zu trinken?" Der andere freut sich bestimmt, selbst dann, wenn er keine Zeit hat und dankend ablehnt. Und wenn man sich trifft, erlebt man, wie gut das tut und dass man sich viel öfter treffen sollte.

Es tut mir leid

Kein Mensch kommt ohne Karambolagen durchs Leben. Wenn Sie einen Fehler begangen oder jemanden verletzt haben, gehen Sie möglichst umgehend auf die Person zu, um sich zu entschuldigen. Rechtfertigen Sie sich dabei nicht, sondern nehmen Sie Ihre Schuld auf sich. Zeigen Sie durch Ihr Mitgefühl, dass es Ihnen wichtig ist, wie es dem Betroffenen geht. Am besten von Angesicht zu Angesicht, wenn das möglich ist, nicht per Brief, E-Mail oder SMS. Überlegen Sie, wie Sie den Schaden beheben oder dem anderen etwas Gutes tun können. Sagen Sie, dass Sie aus Ihrem Fehler gelernt haben und dass Sie ihn nicht noch einmal machen werden.

Bei einer Entschuldigung kommt es jedoch nicht nur auf die Worte an, sondern auf die Art und Weise, wie Sie es tun. Bleiben Sie aufrichtig, nur eine ehrliche Entschuldigung wird auch als solche wahrgenommen. Sie müssen sich auch nicht kübelweise Asche über Ihr Haupt schütten, die schlichten Worte „Es tut mir leid" können Wunder wirken. Vorausgesetzt, es tut Ihnen wirklich leid.

Was geschehen ist, ist geschehen. Spielen Sie den begangenen Fehler nicht herunter. Sorgen Sie vielmehr dafür, dass Sie ihn nicht ein zweites Mal begehen. Denn: Irgendwann verliert jede Entschuldigung an Wirkung. Nämlich dann, wenn Sie dieselbe Person ein weiteres Mal auf die gleiche oder ähnliche Art verletzen, geht jede Glaubwürdigkeit verloren.

Familienbande – Fluch und Segen zugleich

Meine Familie. Es gibt kaum zwei Wörter, die intensivere Gefühle auslösen. Gefühle von Geborgenheit, Liebe und Unterstützung – oder auch Enttäuschung, Wut oder gar Hass. Manchmal vermischen sich diese widersprüchlichen Gefühle im tiefsten Herzen und brechen in bestimmten Situationen heftig auf. Immer gleiche Streitigkeiten mit dem Partner, den Kindern, den Eltern oder im Beruf können sich wie ein roter Faden durch unser Leben ziehen. Mitunter beeinträchtigen unerklärliche Ängste, Zorn oder Traurigkeit spürbar die Lebensfreude.

Viele wünschen sich, endlich ihr Leben nach eigenen Vorstellungen zu gestalten, um Glück in Familie, Partnerschaft und Beruf zu finden. Obwohl sich die meisten Menschen für ein selbstbestimmt handelndes Individuum halten, sind sie doch in einem Netz systemischer Verstrickungen gefangen. Menschen sind soziale Wesen und somit eingebunden in Systeme wie Familie, Kindergarten, Schule, Vereine, die selbst gegründete Familie und nicht zuletzt am Arbeitsplatz. Solche Systeme, allen voran die Familie, haben eine enorme Macht und nehmen uns für ihre eigenen Ziele in die Pflicht.

Frieden mit sich und seiner Familie zu haben und ein selbstbestimmtes Leben zu führen, ist der beste Dünger für die seelische und körperliche Gesundheit. Holen Sie sich bei Bedarf Unterstützung. Es gibt kaum eine bessere Investition.

Geben ist doch seliger denn Nehmen

Wer kennt ihn nicht, diesen berühmten Satz aus dem Neuen Testament, in dem Paulus Jesus zitiert. Aber auch ohne religiösen Hintergrund macht diese Aussage sehr viel Sinn, denn Geben macht Freude und verbindet. Hirnforscher haben herausgefunden, dass eine gute Tat in unserem Kopf dieselben Synapsen anspringen lässt, die uns auch beim Genuss einer Tafel Schokolade oder beim Austausch von Zärtlichkeiten Glücksgefühle bereiten. Außerdem leiden Menschen, die hilfsbereit sind und gute gesellschaftliche Kontakte pflegen, seltener unter Depressionen, sind insgesamt gesünder und leben sogar länger. Hilfsbereitschaft und Selbstlosigkeit sind Ausdruck einer starken Persönlichkeit und eines guten Einfühlungsvermögens. Anderen etwas vom eigenen Wohlstand, von der eigenen Zeit oder der eigenen Kraft abzugeben, bedeutet nämlich nicht, sich ausnutzen zu lassen oder seine persönlichen Interessen aufzugeben.

Machen Sie es sich zu einem Teil Ihres Lebensstils, etwas von dem abzugeben, was Sie selbst im Überfluss haben. Gelegenheiten dazu gibt es genug – von gemeinnützigen Organisationen bis hin zu Menschen, die alleine sind und denen es an menschlicher Zuwendung mangelt. Die Belohnung erhalten wir von uns selbst. Die Hirnforschung hat entdeckt, was hilfsbereite Menschen schon immer gespürt haben: Geben macht glücklich!

Gegensätze ziehen sich an

Der andere ist anders. Gerade das macht den Reiz einer Beziehung aus. Sie können das Wort „Reiz" in doppelter Bedeutung lesen: Der andere kann uns mit seinem Liebreiz dahinschmelzen lassen oder bis aufs Blut reizen. Ihn ändern zu wollen ist ein müßiges Unterfangen. Man kann aus Äpfeln keine Birnen machen und aus Hunden keine Katzen. Es geht vielmehr darum, die Chance aus dem Anderssein des anderen zu nutzen.

Es ist ein Dilemma der Liebe: Gegensätze ziehen sich an, aber Gleich und Gleich gesellt sich gern. Wir können diesen scheinbaren Widerspruch durch ein besonderes Verständnis vom Begriff der Partnerschaft auflösen. Es geht also nicht darum, unserem Partner immer ähnlicher oder eins mit ihm zu werden. Und was überhaupt nicht funktioniert, ist, den anderen umerziehen zu wollen, obwohl dies oft mit erstaunlicher Hartnäckigkeit versucht wird. Das Resultat ist in aller Regel frustrierend. Vielmehr besteht eine glückliche Partnerschaft darin, sich gegenseitig zu ergänzen, indem wir die Unterschiede wertschätzen und dankbar dafür sind. Dazu gehört es, zu akzeptieren, dass sich Charakterzüge nicht aufheben lassen. Der andere ist halt so, wie er ist. Sogar Hirnforscher haben dies in ihren Untersuchungen bestätigt.

Mein Tipp: Schätzen Sie an dem anderen seine Stärken, anstatt ihm dauernd seine Unzulänglichkeiten vorzuhalten.

Halten Sie mal den Mund

Manche sind Plaudertaschen, andere Stockfische. Beide sind nicht das Wahre. Richtig nervig wird es, wenn sich jemand zur Gewohnheit gemacht hat, pausenlos einen Wortschwall zu produzieren; insbesondere dann, wenn man diesem Menschen nicht leicht ausweichen kann: am Arbeitsplatz, im Freundeskreis oder auch in der Familie. Jemand hat sogar ein uncharmantes Wort dafür erfunden: „Logorrhoe", also Sprechdurchfall.

Kann man sich dagegen wehren? Ja, und das sollten Sie auch tun, denn das ist allemal besser, als sich heimlich über den anderen aufzuregen. Sagen Sie Ihrem vielsprechenden Gegenüber freundlich, aber deutlich, dass Ihnen sein Reden zu viel ist. Ohne Anklage und als Ich-Botschaft: „Entschuldige bitte, es ist mir gerade zu viel." Oder gegebenenfalls, wenn die Beziehung stimmt, auch mit Humor: „Mein Speicher ist voll, ich muss erst eine neue Kassette einlegen."

Wenn Sie sich selbst als Vielsprecher erkennen, üben Sie, ganz bewusst zuzuhören und Ihrem Gegenüber die gleiche Redezeit einzuräumen wie sich selbst. Wie bei einem Rededuell im Fernsehen. Versuchen Sie, sich klar und präzise auszudrücken und andere nicht mit Ausschweifungen zu belästigen. Das macht Sie sympathischer und kompetenter. Halten Sie sich an Mark Twains klugen Rat: „Wenn du nichts zu sagen hast, dann sage auch nichts."

Ich habe recht

Haben Sie gerne recht? Also ich meine, wenn Sie auch wirklich im Recht sind. Zumindest nach Ihrer Meinung oder Ihrem Kenntnisstand. Verteidigen Sie oft vehement Ihre Ansicht, wenn es sein muss auch mit Zähnen und Klauen? Manche Menschen tun dies sogar bei Nichtigkeiten. Dann geht es nicht um informativen Meinungsaustausch, sondern nur noch ums Rechthaben, ums Kämpfen darum, dass der andere gefälligst meine Sichtweise übernehmen soll.

Warum nehmen viele Menschen Konflikte und sogar Eskalationen in Kauf, nur um recht zu behalten? Ich denke, je souveräner und selbstsicherer ein Mensch ist, umso weniger ist er darauf angewiesen, dass die eigene Meinung oder Sichtweise der Dinge von anderen geteilt wird. Die bekannte Redensart „Du hast recht und ich habe meine Ruhe" genügt allerdings nicht. Besser ist es, den Andersdenkenden in dessen Wahrnehmung zu tolerieren. Wer noch mehr Größe wagen will, kann ja versuchsweise einmal „in das Lager des anderen gehen", um nachzuschauen, ob es vielleicht noch andere Wahrheiten gibt.

Nein, Sie müssen das alles natürlich nicht tun. Sie haben das Recht auf Ihre eigene Meinung und es kann Sie auch niemand daran hindern, sich selbst beim Kämpfen darum in Rage zu bringen. Mit einer harmonischen, selbstbewussten und gesunden Lebensführung hat dies allerdings nichts zu tun.

Ja, aber …

Nehmen wir einmal an, Sie möchten jemanden loben und anerkennen und es gibt zudem noch etwas, das Sie kritisieren oder anmerken möchten. Wenn Sie dann sagen: „Ich finde es ja wirklich toll, wie viel Mühe du dir damit gegeben hast, aber …", kann der Schuss leicht nach hinten losgehen. Oder Sie sagen: „Ich mag dich sehr gerne, aber …" Haben Sie bemerkt, was das kleine Wort „aber" bewirkt? Es löscht die positive Aussage regelrecht aus und lenkt den Fokus auf den Einwand. Im Gedächtnis bleibt nur der Tadel, nicht das Lob, auch dann, wenn Sie es ganz anders gewollt haben. „Aber" ist vermutlich das Wort, das am meisten Verhinderungskraft hat. Sie kennen das bestimmt aus Unterhaltungen: Sie erzählen etwas und der andere antwortet mit „Ja, aber …". Wie viel ist das Ja dann noch wert?

Was ist zu tun? Streichen Sie generell das Wort „aber", wenn Sie Positives ausdrücken möchten. Gilt es zusätzlich noch andere Aspekte zur Sprache zu bringen, dann verwenden Sie lieber das Bindewort „und": „Ja, das stimmt und ich beobachte oftmals …" oder: „Toll, wie viel Mühe du dir gemacht hast, und ich habe bemerkt …". Merken Sie den Unterschied? So bleibt das Positive erhalten und das Negative kommt auch zur Sprache. Damit kann Ihr Gegenüber in aller Regel besser umgehen.

Vergessen Sie auch nicht Ihre Selbstgespräche. Sprechen Sie gut von sich, ohne Wenn und Aber.

Können Sie Gedanken lesen?

Täte es Ihnen nicht auch gut, wenn andere mal ein bisschen mehr auf Sie eingehen würden? Wäre es nicht schön, wenn Sie nicht um alles bitten und betteln müssten? Wie wohltuend wäre es, wenn andere sich die Mühe machen würden, Sie besser zu verstehen?

Ich würde Ihnen all dies aus ganzem Herzen gönnen. Aber: Erwarten Sie keine Wunder. Leider ist kaum einer Ihrer Mitmenschen mit der Kunst des Gedankenlesens vertraut. Womöglich tickt der andere auch anders als Sie, Sie können nicht davon ausgehen, immer auf der gleichen Wellenlänge zu sein.

Es bleibt Ihnen also nichts anderes übrig, als Ihre Wünsche auch zu formulieren. Sind Sie darin geübt? Formulieren Sie wirklich Wünsche oder sind es vielmehr Vorhaltungen oder Dienstanweisungen? Sagen Sie dem anderen konkret, ruhig und klar, was Sie möchten und wie er Ihnen das geben kann? Viele halten es für eine Schwäche, Bedürfnisse zu haben, und geben sie ungern zu. Dabei ist es eine große Stärke, seine Bedürfnisse zu kennen und vor allem auch diese ausdrücken zu können. Wenn Sie sich darin üben, gewinnen Sie sehr viel Lebensqualität. Auch können dann Beziehungen zu anderen Menschen leichter gelingen. Allerdings: Eine Garantie der Wunscherfüllung gibt es nicht. Aber Sie werden die Wahrscheinlichkeit um ein Vielfaches erhöhen.

Kritik? Ja, aber mit Humor!

Können Sie gut Kritik vertragen? Oder umgekehrt: Können Sie gut kritisieren, ohne zu verletzen? Zugegeben, das ist ein heißes Eisen. Egal ob berechtigt oder unberechtigt – Kritik wird meist als Zurückweisung empfunden. Sind Sie der Kritiker, dann achten Sie darauf, nicht zusätzlich Öl ins Feuer zu gießen, und kritisieren Sie die Sache, aber nicht die Person an sich. Legen Sie die Kritikpunkte sachlich dar und verzichten Sie auf Verallgemeinerungen wie dauernd, immer oder nie. Machen Sie sich klar: Es ist Ihre Sichtweise. Jedes Ding hat seine zwei Seiten. Werden Sie kritisiert, machen Sie es genauso: Hören Sie nur auf die Sache und fühlen Sie sich nicht in Ihrer Person angegriffen. Hören Sie möglichst ruhig zu und prüfen Sie dabei, ob die Kritik – zumindest aus der Sicht des Kritikers – berechtigt ist.

Wie häufig im Leben kann angemessener Humor hilfreich sein. Bringen Sie mit Ihrer Kritik Ihr Gegenüber wenigstens einmal zum Lachen oder zum Schmunzeln. Das funktioniert aber nur, wenn der Witz nicht auf Kosten des Kritisierten geht, sondern sich auf eine eigene kleine Schwäche bezieht.

Werden Sie selbst kritisiert, gilt das Gleiche: Bringen Sie Ihren Kritiker mit einem Witz auf eigene Kosten zum Lachen. Sie müssen sich dabei nicht demütigen, aber erkennen lassen, dass Sie eine gesunde Distanz zu sich selbst haben und lernfähig sind.

Lassen Sie sich nicht auf die Palme bringen

Kennen Sie Menschen, die Sie am liebsten von hinten sehen? Oder noch besser: gar nicht? Solche Menschen regen uns irgendwie auf. Manchmal durch ihre bloße Anwesenheit. Aber jeder ist eben so, wie er ist. Dabei ist niemand so zur Welt gekommen. Sein Leben hat ihn zu dem gemacht, wie er sich heute empfindet und verhält.

Genauso wie der andere sind auch Sie kein unbeschriebenes Blatt. Auch Sie haben Ihre Lebensgeschichte und daraus haben sich Ihre eigenen Werte, Haltungen, Einstellungen und Vorstellungen entwickelt. Diese können sehr gegensätzlich zu denen Ihres Gegenübers sein. Gegensätze ziehen sich bekanntlich an, tragen aber auch enormes Konfliktmaterial in sich. Statt den anderen bei Meinungsverschiedenheiten zu verurteilen, wäre es besser zu erkennen, wo einem vielleicht selbst ein Spiegel vorgehalten wird: Sind meine Einstellungen wirklich die allgemeingültigen? Wo habe ich vielleicht überzogene Vorstellungen oder wunde Punkte? Wo verstehe ich überhaupt keinen Spaß und was bringt mich schnell auf die Palme? Genau genommen sagt all dies viel mehr über mich aus als über den anderen.

Da wir bekanntlich die anderen sowieso nicht ändern können, ist die Lösung auch nicht bei ihnen zu finden. Das Zauberwort heißt Toleranz. Toleranz bedeutet nicht, das Tun der anderen gut zu finden, aber sie ermöglicht den Ausstieg aus dem Machtkampf mit ihnen.

Liebling, wir müssen reden

Mit dieser Aussage kann man bekanntlich den stärksten Mann in die Flucht schlagen. Verhaltensforscher haben herausgefunden, dass mehr miteinander reden bei Eheproblemen nicht immer ein guter Rat ist. Fühlt sich ein Mann der Kritik seiner Frau ausgesetzt und damit beschämt, produziert sein Körper das Stresshormon Kortisol. Beklemmungen, Herzklopfen, Schweißausbrüche bis hin zu Fluchtreaktionen sind die Folge. Anders bei der Frau. Während für sie Reden das Mittel erster Wahl ist, reagiert der weibliche Körper-Seelen-Apparat mit einer wahren Kortisolflut, wenn der Mann sie anschreit, einschüchtert oder sie einfach ignoriert. Was tun?

Stressforscher kennen schon lange ein wirksames Mittel gegen Stresshormone: Kontakt. Egal ob Scham oder Angst die Stressursache ist, sie beruht immer auf der essenziellen Befürchtung, alleingelassen zu werden. Es ist also sehr wichtig, zunächst Kontakt herzustellen, bevor Sie Probleme ansprechen. Das können verbindende Worte sein, eine gemeinsame Handlung, Körperkontakt, wenn die Beziehung dafür gegeben ist, oder bei Paaren eine Umarmung oder ein Kuss. Damit schaffen Sie das Gefühl größtmöglicher Geborgenheit und Sicherheit.

Mein Tipp: Achten Sie immer darauf, dass der Mann sich nicht bloßgestellt und die Frau sich nicht bedroht oder alleingelassen fühlt. Dann klappt's auch mit dem Reden.

Mobbing? Raus aus der Opferrolle!

In den letzten Jahren hat sich ein ernstes und vielschichtiges Thema insbesondere am Arbeitsplatz explosionsartig vermehrt: Mobbing. Das Wort klingt englisch, stammt aber aus Skandinavien. Es wurde im Jahr 1993 geprägt. Man bezeichnet damit Handlungen, die sich über einen längeren Zeitraum hinziehen und mit denen ein anderer geschädigt wird. Das Mobbingopfer fühlt sich meist hilflos ausgeliefert, vergleichsweise wie ein schwarzes Schaf inmitten einer Herde. Die anderen haben sich gegen ihn oder sie verschworen.

Wenn Sie in eine solche Situation geraten, ist mein wichtigster Rat: Kommen Sie so schnell wie möglich raus aus dieser Schäfchenrolle! Verkriechen Sie sich nicht in Ihr Schneckenhaus. Suchen Sie sich Verbündete und reden Sie darüber. Suchen Sie aber auch in sich selbst nach einer seelischen Seite, die sich wehren kann, und entdecken Sie Ihr Kämpferherz. Rüsten Sie sich auf. Nicht etwa um zu kämpfen, das ist bei einer Übermacht nicht Erfolg versprechend. Krieg oder juristische Auseinandersetzungen hinterlassen nur Verlierer, selbst wenn Sie diese gewinnen sollten.

Stärken Sie sich vielmehr, um Friedensverhandlungen zu führen. Und zwar auf gleicher Augenhöhe. So gehen Sie gestärkt aus dieser Krise, statt wie ein geprügelter Hund die Wunden zu lecken.

Nehmen Sie Hilfe an

Jeden kann es jederzeit treffen – ein schwerer Unfall, die Diagnose Krebs, der jähe Verlust eines geliebten Freundes, Erleben von körperlicher oder seelischer Gewalt, eine wirtschaftliche Notlage oder eine Beziehung, die in die Brüche geht. Schicksalsschläge und schlimme Ereignisse bedeuten massive Einschnitte im Leben und werden oft von Gefühlen wie Ohnmacht, Hilflosigkeit oder Angst begleitet. Von einem Moment auf den nächsten ist alles anders – man gerät plötzlich in einen seelischen Ausnahmezustand.

Wie wir Verlust und Schmerz psychisch verkraften, hängt auch davon ab, inwieweit wir es schaffen, die missliche Lage zu meistern. Dazu sind sinnvolle Strategien und ein gutes Krisenmanagement nötig. Das ist alleine oft nicht zu schaffen. Viele Menschen tun sich aber schwer, Hilfe anzunehmen. Sie wollen niemanden belasten und schämen sich ihrer misslichen Lage.

Mein Rat: Trauen Sie sich, Familienangehörige und Freunde um Hilfe zu bitten. Dies ist ein Vertrauensbeweis. Sagen Sie aber auch gleich, welche Hilfe Sie brauchen, z. B. jemanden, der Ihnen zuhört oder der Ihnen als neutraler Außenstehender ein Feedback oder einen lösungsdienlichen Tipp geben kann. Ist fachliche Hilfe vonnöten, scheuen Sie sich nicht, einen Rechtsanwalt, Schuldenberater, Psychologen oder Coach aufzusuchen. Angehörige und Freunde können bei bestimmten Themen überfordert sein.

Nur keinen Streit vermeiden

Ja, das meine ich ernst und keineswegs ironisch. Streit ist zunächst einmal nichts Negatives. Ganz im Gegenteil: Ein Streit kann Klärung bringen, den Austausch konträrer Ansichten und letztendlich tragbare Kompromisse. Sportler treffen sich zum Wettstreit, um einen Gewinner zu ermitteln, und Streitgespräche können zur Klärung von Sachverhalten führen. Schon Goethe lehrte uns: „In Partnerschaften muss man sich manchmal streiten, denn dadurch erfährt man etwas mehr voneinander." Ein Gewitter reinigt die Luft, sagt man im Volksmund.

Streitgespräche, wenn sie richtig geführt werden, hinterlassen keine dauerhaften Schäden. Ganz im Gegenteil. Lässt man sich jedoch dauerhaft unterbuttern oder sagt um des lieben Friedens willen zu allem Ja und Amen, schadet man seiner seelischen und körperlichen Gesundheit. Leider ist eine gute Streitkultur nicht selbstverständlich. So erleben wir tagtäglich in den Medien, wie zum Beispiel in Talkshows auf den Andersdenkenden mit Worten eingedroschen wird. Manche machen sogar, angeheizt von den Moderatoren, vor Beleidigungen nicht halt. Partnerschaften, Familien, Firmen oder Vereine brauchen eine gute Streitkultur, in der jeder seine Meinung vertreten kann und trotzdem Wertschätzung erfährt.

Übernehmen Sie die Verantwortung für Ihr persönliches Umfeld. Streiten Sie für Ihre Belange und zollen Sie dem anderen Respekt, auch wenn er eine andere Meinung hat.

Sprechen Sie gut über andere

Gottes Menschenzoo ist bunt. Über manche Exemplare kann man nur den Kopf schütteln oder sich sogar mächtig aufregen. Hat sich jemand falsch, ungewöhnlich oder kritikwürdig verhalten, wird über ihn geredet. Man erzählt, verurteilt oder wertet. Die Medien leben sogar davon. Schauen Sie einmal genauer hin: Immer wenn wir schlecht über jemanden reden, werfen wir einen Bumerang. Auch wenn Sie völlig im Recht sind, beschäftigen Sie Ihr Gehirn mit negativen Dingen und haben das Gefühl, die Welt ist bedrohlich, unsicher oder zumindest nicht so, wie sie sein soll.

Außerdem: Kritisieren Sie oder reden Sie schlecht über andere, wird Ihr Gegenüber annehmen, dass Sie das auch mit ihm machen, sobald sich die Gelegenheit bietet. Reden Sie jedoch positiv über andere oder verteidigen Sie auch mal einen Angegriffenen, senden Sie nicht nur positive Energie aus, sondern machen sich auch beliebter: Ihr Zuhörer geht davon aus, dass Sie auch von ihm positiv reden oder ihn einmal in Schutz nehmen werden.

Sie müssen dabei keine Tatsachen verdrehen und auch nichts schönreden. Wählen Sie einen Aspekt, der positiv ist oder für den Betreffenden spricht. Sie finden garantiert etwas. Aber mal unter uns: Schlechtreden ist leichter und es könnte sein, dass man sich insgeheim selbst ein bisschen größer fühlt, wenn man andere kleiner macht, oder?

Um des lieben Friedens willen

Sind Sie ein Harmoniemensch? Können Sie es schlecht aushalten, wenn es Konflikte gibt oder dicke Luft im Betrieb oder zu Hause herrscht? Neigen Sie dazu, „um des lieben Friedens willen" nachzugeben oder gar die Last auf sich zu nehmen? Können Sie schlecht Nein sagen?

Friede, Freude, Eierkuchen ist aber auch nicht die Lösung. Besonders dann nicht, wenn Sie den Buckel dafür hinhalten. Es ist unmöglich, ständig im Gleichklang und in Harmonie mit allen Menschen zu sein. Dafür sind die Menschen einfach zu verschieden und haben zu unterschiedliche Bedürfnisse, Ansichten oder Wünsche. Das ist nicht nur normal, sondern muss sogar so sein, damit das Zusammenleben interessant bleibt. „Wenn zwei völlig gleich sind, ist einer zu viel", heißt ein Sprichwort.

Akzeptieren Sie, dass Meinungsverschiedenheiten und Reibereien vorkommen und notwendig sind. Lernen Sie, dabei Ihre eigenen Interessen zu verteidigen, und sagen Sie klipp und klar, was Sie gerne möchten. Sehen Sie Auseinandersetzungen als Chance, diese Fähigkeit zu üben und sich trotzdem gut dabei zu fühlen. Je klarer Sie selbst sind, umso weniger Ellenbogen brauchen Sie. Das erfordert ein gutes Selbstwertgefühl. Besinnen Sie sich darauf, dass Sie kein kleines, unerfahrenes Kind mehr sind, und bringen Sie dies selbstbewusst auf die Bühne Ihres Lebens. Dann habe Sie eine gute Chance, das zu bekommen, was Sie wünschen.

Vorsicht – Sie sind ansteckend

Lachen ist ansteckend. Gähnen auch, gute wie miese Laune, ja sogar Kratzen und Juckreiz können ansteckend sein. Schuld daran sind Spiegelneuronen, das haben Hirnforscher entdeckt. Diese Gehirnzellen sorgen dafür, dass wir uns in andere Menschen hineinversetzen können. Eine Eigenschaft, ohne die menschliches Zusammenleben, wie es seit Urzeiten überlebensnotwendig ist, nicht funktionieren würde.

Leider gehören Jammern und Meckern für viele Menschen heute schon fast zum „guten Ton" und es herrscht ein regelrechter Wettbewerb, wer mehr Stress oder größere Probleme hat. Vorsicht vor Menschen, die ihr Augenmerk immer nur auf das Schlechte richten. Sie können Sie mit runterziehen und Ihnen die Energie rauben. In solchen Situationen stelle ich mir eine dicke Panzerglasscheibe vor, die ich zwischen den Pessimisten und mich stelle, um mich vor der schlechten Energie zu schützen. Die gute Nachricht: Optimismus ist genauso ansteckend. Ebenso wie der andere sind Sie selbst auch ansteckend, im Guten wie im Bösen. Seien Sie sich dieser Verantwortung bewusst, die Sie damit haben – insbesondere für Ihre Lieben, Familie und Freude, aber auch für sich selbst.

Deshalb: Schenken Sie anderen ein Lächeln und verbreiten Sie gute Neuigkeiten statt Unkenrufe. Sie werden staunen, wie viel Optimismus und gute Laune Sie sich damit selbst schenken!

Warum Sie Ihre Feinde lieben sollten

Mein halbes Leben hatte ich nicht mehr daran gedacht, auf einmal war sie wieder da: die Erinnerung an ein Gespräch und eine wichtige Erkenntnis daraus. Es geht nur um eine kurze Episode, aber ich wundere mich, warum diese mir so gut im Gedächtnis geblieben ist. Einem älteren Kollegen, einem gestandenen Verkäufer, dem der Ruf vorausging, auch mit den schwierigsten Kunden gut klarzukommen, habe ich sie zu verdanken. Bereitwillig verriet er mir seinen Trick, mit dem ich als junger Mensch noch nicht viel anfangen konnte. „Es ist eigentlich ganz einfach", sagte er zu mir, „bevor du einem anderen Menschen begegnest, musst du nur kurz daran denken, was dir an ihm gefällt." Und es funktionierte tatsächlich. Mit diesem Trick bändigte er die schwierigsten Menschen und gelangte zu Vereinbarungen und Gesprächsergebnissen, die kein anderer erreicht hätte. Zudem war er bei Kollegen und Kunden gleichermaßen beliebt.

Heute verstehe ich den Hintergrund: Jeder Mensch will gemocht werden – gerade auch die Menschen, die sich ganz und gar nicht liebenswert geben. Anerkennung ist der wichtigste Treibstoff unseres Lebens. Wenn diese Anerkennung nonverbal via Bauch und Herz daherkommt, kann die andere Person sie akzeptieren, auch wenn sie ein direktes Lob als Einschleimen empfunden hätte.

Unbewusst habe ich den Rat des Kollegen inzwischen längst angenommen.

Warum soll der Klügere nachgeben?

Streitigkeiten und Interessenskonflikte sind unvermeidbar. Man kann und darf sich nicht alles gefallen lassen. Natürlich möchten wir gerne in Harmonie leben und es möglichst jedem recht machen. Aber um des lieben Friedens willen immer nachzugeben, kann auch nicht die Lösung sein. In Abwandelung des Sprichwortes heißt dies: „Der Klügere gibt so lange nach, bis er der Dumme ist!"

Immer wieder kommen wir in Situationen, in denen wir entweder dem anderen oder uns selbst etwas schuldig bleiben müssen. Die eigenen Belange zurückzustecken, erscheint für manchen oft als der leichtere Weg. Der wird aber mit der eigenen Unzufriedenheit teuer bezahlt. Vielleicht sind Sie auch so erzogen worden, dass Geben seliger denn Nehmen ist. Andere wiederum verteidigen ihre eigenen Belange unnachgiebig bis aufs Messer und gehen keiner Auseinandersetzung aus dem Weg. Sie lassen sich die Butter nicht vom Brot nehmen, auch wenn dabei jede Harmonie flöten geht.

Was ist das Bessere? Wie immer kommt es auf das rechte Maß an. Bleiben Sie gut in Balance: Verteidigen Sie mit aller Kraft das, was Ihnen wirklich wichtig ist und wofür es sich zu kämpfen lohnt. Dafür können Sie bei Dingen, mit denen Sie sich notfalls arrangieren können, etwas großzügiger und kompromissbereiter sein.

Was Männer wollen – was Frauen wollen

Nein, ich möchte keine Klischees bedienen, wie es beispielsweise Comedians in ihren Showprogrammen tun. Trotzdem sind Mann und Frau durch ihre unterschiedliche Aufgabenstellung anders geprägt und sogar unterschiedlich genetisch ausgestattet. Das zu wissen, nützt beiden.

Einem Mann tut es gut, wenn man ihm vertraut, ihn in Ordnung findet und akzeptiert. Er liebt die Anerkennung seiner Frau und hasst es, kritisiert zu werden. Das ganze Hormonsystem reagiert sehr sensibel darauf. Natürlich kann keine Frau immerzu loben und anerkennen, das würde auch ihm wahrscheinlich zu viel werden. Als Frau sollten Sie ihm aber mehr Anerkennung zeigen und mehr Fehler akzeptieren, als es Ihrem weiblichen Gefühl entspricht.

Das Urbedürfnis einer Frau ist es, verstanden, umsorgt und respektiert zu werden. Sie liebt die Gegenwart Ihres Mannes und hasst es, wenn er nicht da ist. Und wenn er da ist, sollte er auch für sie verfügbar oder zumindest ansprechbar sein. Kein Mann kann immerzu präsent sein, das wäre wohl jeder Frau zu viel des Guten. Als Mann sollten Sie aber viel öfter bei Ihrer Frau sein und ihr zur Verfügung stehen, als es Ihrem männlichen Gefühl entspricht.

Doch, Männer und Frauen passen gut zusammen, auch wenn manche Menschen das nicht glauben wollen. Aber sie müssen lernen, ihre unterschiedlichen Bedürfnisse zu respektieren.

105

Wechseln Sie Ihren Blickwinkel

Mögen Sie jeden Menschen? Ja? Gibt es tatsächlich gar keinen, mit dem Sie irgendwie nicht grün werden? Wirklich? Dann putzen Sie Ihren Heiligenschein und frohlocken Sie ein Halleluja. Im Ernst: Wir können nicht jeden mögen und nicht jeder mag uns. Meist sehen wir bei einem Menschen, mit dem wir nicht klarkommen, mit dem wir in Streit geraten oder über den wir uns ärgern, nur seine schlechten Eigenschaften und Verhaltensweisen. Solch ein einseitiger Blick verstärkt unsere Ablehnung und verschärft die Konflikte mit dieser Person. Oft können wir uns regelrecht in Reiz-Reaktions-Muster verbeißen und allein der Gedanke daran genügt schon, um Emotionen auszulösen.

Wie kommt man heraus aus diesem Dilemma? Natürlich gibt es keine Patentrezepte, aber ich biete Ihnen eine Übung an, die mir selbst schon oft geholfen hat: Wechseln Sie die Perspektive. Betrachten Sie gezielt die guten Seiten Ihres Gegenübers. Das ist nicht immer einfach und vielleicht haben Sie auch keine rechte Lust dazu. Springen Sie über Ihren Schatten und schreiben Sie drei gute Eigenschaften dieses Menschen auf. Konzentrieren Sie sich eine Woche lang im Kontakt mit ihm oder ihr auf diese positiven Züge.

Ich verspreche Ihnen, Sie werden erleben, wie Ihr veränderter Fokus das Miteinander und die Zusammenarbeit verbessert und der Betreffende gar nicht mehr sooo schlimm ist.

Wie du mir – so ich dir

Jeder darf nach seiner Fasson selig werden, das forderte schon der Alte Fritz. Jeder Mensch ist ein göttliches Geschöpf. Deshalb verdient jeder Anerkennung und Respekt für seine Person.

Hand aufs Herz: Fällt Ihnen diese Sichtweise manchmal nicht leicht? Besonders in bestimmten Situationen? Von wegen göttliches Geschöpf, von wegen Respekt! Okay, mag sein, dass sich der andere völlig daneben benommen hat. Aber hat er dies aus böser Absicht getan? Ging es bewusst gegen Ihre Person? Meist geschieht so etwas aus eigener Hilflosigkeit oder wenn wunde Punkte berührt werden. Niemand kann sein Handeln immer hundertprozentig im Griff haben. Sie selbst auch nicht. Wenn der andere sich schlecht benimmt, geben wir uns oft selbst die Erlaubnis, dies auch zu tun. Auge um Auge sozusagen. Ohne schlechtes Gewissen. Aber wenn Sie nun austeilen, meint dann der andere, er dürfe wieder zurückschießen. Der Krieg ist in vollem Gange und ein Teufelskreis ist entstanden. Das Teuflische an einem Teufelskreis ist, dass keiner sich schuldig fühlt, weil er ja nur auf den anderen reagiert. Man kann sich doch nicht alles gefallen lassen!

Stimmt. Aber rudern wir mal zurück: Ein göttliches Geschöpf zu sein heißt, auch Schwächen haben zu dürfen. Gestehen Sie dies dem anderen zu, bevor Sie ihm Ungutes zurückgeben. Sehen Sie das als Ihren Beitrag zum besseren Miteinander.

Wirksame Tipps gegen den „Sprachfehler"

Haben Sie auch den berühmten „Sprachfehler"? Können Sie auch nicht „Nein" sagen und ärgern sich nachher darüber? Möchten Sie trotzdem nicht als egoistisch oder unkooperativ gelten? Dann habe ich ein paar wirksame Tipps für Sie. Spielen Sie – natürlich ganz höflich – einen der folgenden Trümpfe aus.

1. Sagen Sie niemals sofort Ja. Sichern Sie sich Bedenkzeit, z. B.: „Ich muss erst mal nachschauen, ruf mich morgen noch mal an." (Achtung: Der andere soll zurückrufen, nicht Sie!).
2. Lassen Sie sich immer ein Hintertürchen offen, z. B.: „Eigentlich gerne. Aber das kann ich im Moment noch nicht versprechen, weil da noch eine andere Sache aussteht."
3. Stellen Sie eigene Bedingungen, z. B.: „Ja, aber ich kann nur am Dienstag ab 18 Uhr und nicht länger als eine Stunde."
4. Schießen Sie den Ball zurück, z. B.: „Schau erst mal, ob du jemand anders findest, der das machen kann. Wenn du niemanden gefunden hast, dann melde dich noch einmal."
5. Sagen Sie ein klares Nein und nennen Sie sie einen plausiblen Grund dafür, z. B.: „Es freut mich, dass Sie dabei an mich gedacht haben. Ich bin jedoch so stark mit einem Auftrag beschäftigt, dass ich das zurzeit leider nicht unterbringe."

Auf diese Weise wahren Sie Ihr Gesicht, bleiben zuvorkommend und schützen sich doch vor unerwünschten Übergriffen. Auch hierbei gilt wie immer: Übung macht den Meister.

KAPITEL 4

Für Zufriedenheit und Glück

**Warte nicht auf bessere Zeiten,
sondern lerne im Regen zu tanzen.**

„Verbringe die Zeit nicht mit der Suche nach einem Hindernis – vielleicht ist keines da."

Franz Kafka

Brauchen Sie das wirklich?

Wünschen Sie sich ein freieres, ruhigeres Leben? Haben Sie erkannt, dass mehr Besitz, mehr Unternehmungen oder mehr Betriebsamkeit Ihre Lebensqualität nicht steigern, sondern eher reduzieren? Übt man Verzicht, kann man feststellen, dass Verzicht nicht nimmt, sondern gibt. Vielleicht ist dieser Gedanke im ersten Moment ungewöhnlich. Probieren Sie es aus! „Weniger ist mehr!", könnte ein passendes Motto lauten. Oder: „Weniger, aber besser!" Hört sich gut an, gelle? Passt nur nicht so recht in unsere Zeit, in der stetiges Wachstum gebraucht wird, damit das Wirtschaftssystem funktioniert.

Das kann dazu führen, dass wir an den falschen Stellen suchen, wenn wir mehr Lebensqualität möchten. Anstatt Ausschau nach Neuem zu halten, lohnt es sich, einen Blick auf das schon Vorhandene zu lenken. Wir haben verlernt zu genießen, weil wir jederzeit fast alles haben können. Erst wenn wir innehalten und ganz bewusst auf Dinge verzichten, können wir erfahren, was uns wirklich gut tut: freie Zeit ohne Termindruck, sich den Kindern oder Enkeln widmen oder einfach ohne Absichten das Spazierengehen in der Natur erleben. All das sind Genüsse, die man nicht kaufen kann.

Stellen Sie nicht den Verzicht in den Vordergrund, sondern die qualitativen Verbesserungen. Spüren Sie wieder, wie viel Sie schon haben und wie wenig Sie noch brauchen.

Bringen Sie Ihre Welt zum Lächeln

Haben Sie Lust auf ein kleines Experiment? Dann setzen Sie sich einmal hin wie ein Häufchen Elend und lassen die Arme, Schultern und den Kopf nach unten fallen. Sagen Sie dann: „Juhu, wie ist die Welt so schön!" Geht gar nicht, gell!? Setzen Sie sich jetzt gerade hin, heben Sie die Arme nach oben und umfassen Sie mit beiden Händen Ihren Hinterkopf. Ziehen Sie die Augenbrauen hoch und setzen Sie ihr schönstes Lächeln auf. Probieren Sie jetzt den Satz aus: „Alles ist so fürchterlich schlimm." Geht auch nicht, stimmt's? Oder Sie lächeln einfach einmal eine Minute. Ganz ohne Grund! Seien Sie neugierig, was dann passiert.

Gefühle bestehen zu einem großen Teil aus Körperwahrnehmungen. Deshalb erscheint es nur logisch, den Körper bei der Veränderung von negativen Gefühlen mit einzubeziehen. Will man Positives erleben, ist es sehr ratsam, erst einmal eine entsprechende Körperhaltung einzunehmen. Dann gilt es, bewusst die passenden positiven Gedanken zu wählen, und schon sind die Bleistiftumrisse für ein angenehmes Erleben gezeichnet. Dann muss man nur noch die passenden Buntstifte finden, mit denen man sein Bild ausmalen kann, auch wenn man vielleicht ein bisschen danach suchen muss.

Passen Sie auf, wie Sie durch die Welt gehen: aufrecht oder gebückt. Setzen Sie einfach mal Ihr schönstes Lächeln auf und Sie werden sehen, die Welt lächelt freundlich zurück!

Danke, ich kann nicht klagen

Es ist nicht alles schön im Leben. Körperliches Unwohlsein kann die Lebensfreude enorm beeinträchtigen. Auch Pleiten, Pech und Pannen können einem das Leben ganz schön vermiesen. Seinem Herzen Luft zu machen und sich über die Missstände zu beklagen, kann vorübergehend eine kleine Entlastung bringen und ist zudem sehr menschlich. Aber Vorsicht: Artet es zu einem Dauerlamento aus, beginnt man sich zusätzliches Leid selbst zu erschaffen.

Dies hängt mit der Bauweise unseres Gehirns zusammen. Alle besonders emotionalen Gedanken und Eindrücke hinterlassen, je öfter sie wiederholt werden, in unserem Gehirn deutliche Spuren. So gießt man mit Jammern und Wehklagen regelrecht Öl ins Feuer und baut damit die negativen Erlebnisnetzwerke aus. Auf diese Weise empfindet man negative Ereignisse künftig noch intensiver. Je mehr man klagt, umso stärker wird das Missbefinden – und je schlechter man sich fühlt, umso mehr beklagt man sich. Der Teufelskreis hat sich geschlossen.

Fazit: Gestehen Sie sich auch negative Gefühle zu, denn Verdrängen ist auch keine Lösung. Passen Sie aber auf, dass Sie nicht im Jammertal stecken bleiben. Finden Sie positive Aspekte in Ihrem Leben und schätzen Sie diese. Falls Ihnen auf Anhieb keine einfallen, mit ein bisschen Nachdenken finden Sie mit Sicherheit welche. Auf diese Weise stärken Sie die positiven Netzwerke im Gehirn und nehmen den Jammergefühlen die Nahrung.

Erstellen Sie Ihre Löffelliste

Was eine Löffelliste ist? Darauf steht alles, was Sie noch erleben möchten, bevor Sie „den Löffel abgeben". Eine respektlose Formulierung, meinen Sie? Zugegeben: Ja! Aber ich habe sie nicht zu verantworten. Der Begriff stammt aus dem Film „Das Beste kommt zum Schluss" (amerikanischer Originaltitel „The Bucket List"). In den Hauptrollen spielen Morgan Freeman und Jack Nicholson zwei unheilbar an Krebs erkrankte Männer, die nur noch ein halbes Jahr zu leben haben. Gemeinsam erstellen sie eine Liste der Dinge, die sie in der verbleibenden Lebenszeit unbedingt noch tun wollen, ihre „Löffelliste". Die beiden alten Knaben arbeiten ihre Liste ab und tun all die verrückten Dinge, die sie schon immer machen wollten: Fallschirm springen, einen Shelby Mustang fahren, die Pyramiden und den Tadsch Mahal sehen, den Mount Everest besteigen, das schönste Mädchen der Welt küssen und noch manches andere.

Was würden Sie tun, wenn Sie genau wüssten, bis wann Ihre Zeit auf Erden begrenzt ist? Was steht auf Ihrer „Löffelliste? Es geht nicht darum, um jeden Preis ein aufregendes Leben zu führen, bei dem sich ein Highlight an das nächste reiht. Auch bedeutet ein prall gefüllter Terminkalender allein noch kein reiches Leben. Vielmehr sind Wahrhaftigkeit, Achtsamkeit und Authentizität wichtige Zutaten für ein erfülltes Leben. Denken Sie immer daran: Auch Ihr Leben ist endlich.

Feiern Sie ihren Feierabend

Es gibt etwas, das für ein glückliches und erfülltes Leben enorm wichtig ist: der Ausgleich zwischen Aktivität und wirklicher Erholung. Mit wirklicher Erholung meine ich Situationen, die uns Kraft geben. Also Dinge, über die Sie hinterher sagen: „Toll, war das schön. Ich fühle mich gestärkt und habe wieder Kraft für neue Taten."

Viele nutzen das Fernsehen, um auszuspannen. Aber Hand aufs Herz: Nährt Sie das? Gibt Ihnen das Kraft? Lädt das Ihre Batterien auf? Oder zerstreut uns die Flimmerkiste in den meisten Fällen nur, lenkt uns ab und hilft uns eher zu verdrängen statt aufzutanken? Vielleicht haben Sie ja abends nur noch Kraft dafür, sich vor den Fernseher fallen zu lassen. Aber wäre es dann nicht gut, sich ohne Fernseher auf die Couch zu legen und zu dösen oder schön in die Sauna zu gehen oder noch einen entspannenden, langsamen Spaziergang zu machen?

Falls Sie manchmal das Gefühl haben, nicht mehr genug Energie zu haben, tun Sie doch einmal Folgendes: Nehmen Sie sich einen Zettel und schreiben Sie sieben Tätigkeiten auf, die Ihnen wirklich etwas geben. Also entspannende Tätigkeiten oder Situationen, die Sie stärken und nach denen Sie sich besser fühlen als vorher. Dann bauen Sie diese konsequent in Ihr Leben ein. Und jetzt mal ehrlich: Wie würde sich das auf Ihr Leben auswirken, wenn Sie 25 oder gar 50 Prozent mehr Energie zur Verfügung hätten?

Friede sei mit dir

Eigentlich hätte es ein schöner Tag werden können. Die besten Voraussetzungen dafür waren gegeben: ein arbeitsfreier Sonntag, angenehmes Wetter und eine Veranstaltung, auf die man sich schon lange gefreut hatte. Wenn man doch nur seinen Mund gehalten hätte! Aber man wird ja schließlich seine Meinung sagen dürfen, ohne dafür beleidigende Äußerungen einstecken zu müssen. Lieber sollte jeder vor seiner eigenen Haustür kehren. Außerdem hat man schon tausend Mal erklärt, dass ...

Kommt Ihnen das Szenario irgendwie bekannt vor? Wie könnte das Leben so schön sein, wenn es die anderen Menschen nicht gäbe. Nein – wenn die anderen Menschen so wären wie ich. Nein, jetzt hab ich's – wenn die anderen Menschen so wären, wie ich es mir vorstelle. Eine Wunschvorstellung, mit der man sich nur Frust einhandelt. Der andere ist, wie er ist, ob einem das gefällt oder nicht. In dem Maße, wie wir es schaffen, mit dem Anderssein einen guten Umgang zu finden, bewahren wir unsere seelische Gesundheit und Lebensfreude. Man muss die Menschen eben so nehmen, wie Sie sind. Das ist allerdings leichter gesagt als getan. Insbesondere dann, wenn man mit diesen Menschen eng verbunden ist.

Auch wenn's schwerfällt: Ändere, was du ändern kannst, akzeptiere, was du nicht ändern kannst, und lerne, das eine vom anderen zu unterscheiden.

Früher war mehr Lametta

Wer kennt nicht den schrulligen Opa aus Loriots Sketch „Weihnachten bei Hoppenstedts". Wir amüsieren uns über ihn und dabei kann es leicht passieren, dass wir selbst zu einem Opa Hoppenstedt zu werden. Nicht so kauzig und verschroben vielleicht, aber ganz schön nostalgisch. Früher war alles besser – dieses Gefühl schwingt oft mit. Offenbar hat es die Natur so eingerichtet, dass wir angenehme Dinge besser behalten als unangenehme. Vielleicht, damit wir nicht so schnell ins Hadern kommen und die Flinte zu frühzeitig ins Korn werfen.

Was früher besser war: Man war jünger. Körper und Geist waren frischer, unverbrauchter und vieles war aufregend: die erste Liebe, die ersten Reisen, man entdeckte sich selbst, bestand Prüfungen und Herausforderungen. Mit jugendlicher Unbefangenheit riskierte man das pralle Leben. „Ich weiß nicht, woher ich damals den Mut nahm, na ja, ich war noch jung und unerfahren", hört man oft ältere Menschen erzählen. Heute ist man erfahren, hat schon viel Lehrgeld bezahlt und überlegt es sich lieber dreimal, bevor man etwas wagt.

Was kann man tun? Sorgen Sie für Abwechslung und freudige Erlebnisse. Lernen Sie sich wieder zu freuen wie kleine Kinder. Machen Sie sich klar, wie gut es Ihnen geht, und werden Sie kein Opa Hoppenstedt. Genießen Sie den Augenblick und seien Sie für alles dankbar, was Ihnen das Leben schenkt.

Heute schon beschwert?

Die Welt ist schlecht. Täglich könnten wir unzählige Missstände anprangern. Die Unfähigkeit der Politiker, die Ungerechtigkeiten und dass es immer nur die kleinen Leute ausbaden müssen, die Hochnäsigkeit der Schwägerin oder die Launen des Chefs oder des Ehepartners. Sogar mit Dingen, die uns nicht betreffen, aber die sich nicht gehören und die zu verurteilen sind, beschäftigen wir uns. Seien wir ehrlich: Wir alle machen das manchmal, das ist ganz natürlich und liegt uns irgendwie im Blut.

Zu allem Überfluss sind Sie vielleicht sogar im Recht, wenn Sie sich über etwas beschweren. Aber ist nicht „beschweren" ein sehr aufdeckendes Wort?! Sie beschweren sich! Sie belasten sich mutwillig mit Themen, die Ihnen das Leben schwerer machen. Wollen Sie sich selbst das Leben schwer machen? Wollen Sie das wirklich? Es geht nicht darum, sich alles gefallen zu lassen, auch nicht darum, gleichgültig zu werden. Aber es lohnt sich, einmal bewusst mitzubekommen, womit wir uns beschäftigen. Wir tun gut daran, alles, was uns nicht betrifft, uns nichts angeht oder was zu ändern nicht in unserer Macht steht, in die mentale Mülltonne zu werfen.

Und für alles, was uns etwas angeht, gilt es, Lösungen zu finden. Wenn es keine Lösungen gibt, dann finden Sie eine Einstellung, die es Ihnen leichter macht, die Situation besser zu ertragen. Hören Sie auf, sich zu beschweren und Sie leben leichter!

Hören Sie auf Ihr Bauchgefühl

Haben Sie schon oft gesagt „Hätte ich nur auf mein Bauchgefühl gehört" oder: „Ich habe kein gutes Gefühl dabei"? Von kleinen Unannehmlichkeiten, die einem erspart bleiben, bis hin zum entgangenen Flugzeugabsturz kann die Palette reichen, wenn man sich auf sein Bauchgefühl verlassen kann. Der menschliche Magen- und Darmtrakt wird von einem dichten Nervennetz gesteuert. Man spricht auch vom Bauchgehirn. Es reagiert empfindlich auf Stress, Angst oder Vorahnungen. Wie verlässlich ist aber das Bauchgefühl? Sollen wir es immer unserem Gehirn vorziehen? Oder ist es doch besser, bei Entscheidungen den gesunden Menschenverstand einzuschalten?

Unser Unbewusstes hat Vorteile: Es verfügt über ungleich mehr Informationen, die wie in einem riesigen Computer miteinander verknüpft sind. Als Gefühle erscheinen die Resultate auf dem mentalen Bildschirm. Allerdings ist unser Computer nicht immer frei von destruktiven Dateien oder Viren aus der Vergangenheit. Ein angstbesetztes Bauchgefühl kann auf negativen Vorerfahrungen beruhen. In diesem Fall wäre es besser, nicht dem Bauchgefühl nachzugeben, sondern sich neue, positive Erfahrungen zu ermöglichen. Dies zu unterscheiden ist nicht immer leicht. Je mehr wir lernen, auf unsere Gefühle zu hören, und trotzdem den gesunden Menschenverstand eingeschaltet lassen, umso besser wird uns dies gelingen.

Keine Zeit hat jeder

Sagen Sie öfter „Ich habe keine Zeit"? Streichen Sie diesen Satz aus Ihrem Wortschatz! Diese Aussage ist nämlich unsinnig. Natürlich haben Sie Zeit: Jeder Mensch hat 24 Stunden am Tag Zeit zu leben. 1.440 Minuten, 86.400 Sekunden. Die Frage ist eben nur, was man mit dieser Zeit anstellt. Verwenden Sie die Zeit für das, was Ihnen wirklich wichtig ist, und heben Sie sich noch genügend Zeit für Mußestunden auf?

Viele Menschen, die angeblich nie Zeit haben, „brauchen" das sogar. Denn wer viel zu tun hat, immer erreichbar sein muss und überall mitmischt, ist wichtig – oder fühlt sich zumindest so. Sagen Sie jedoch „Ich habe keine Zeit" häufig zu sich selbst, dann stellen Sie sich damit selbst eine böse Falle: Sie reden sich ein, dass Sie nicht selbst über Ihre Zeiteinteilung entscheiden. So bekommen Sie das Gefühl, dass Ihre Zeit, ja Ihr ganzes Leben von anderen geplant wird. Es liegt an Ihnen, dies zu ändern.

Keine Zeit zu haben ist ein Zeichen falscher Planung und fehlender Prioritäten. Wer seine Zeit richtig einteilt, weiß, dass er nicht alles verplanen darf und sich Zeit für Unvorhergesehenes freihalten muss. Wenn Sie von morgens bis abends verplant sind, sollten Sie mal darüber nachdenken. Ist ein Leben im Hamsterrad wirklich das, was Sie wollen? Es gibt wichtige Dinge und weniger wichtige Dinge – und Überflüssiges. Setzen Sie sich Prioritäten!

Kinder, wie die Zeit vergeht

Denken Sie auch öfter: „Wie die Zeit vergeht, es war doch gerade erst Weihnachten oder Ostern!". Das ist keine Selbsttäuschung, sondern ein reales Erleben in unserem Gehirn. Je älter wir werden, umso weniger neue Erfahrungen machen wir in unserem Leben. Das sorgt für Platz im Gehirn, denn ein Alltag voller Routinen ist stark komprimiert im Gedächtnis abgespeichert. So spart das Gehirn Energie, die dringend für das Verarbeiten neuer Eindrücke gebraucht wird.

Wir haben heute allerdings unendlich viele Möglichkeiten: Wir können die ganze Welt bereisen, uns mit Fernsehen rund um die Uhr wahlweise belustigen oder runterziehen, via Internet und Google alles in Erfahrungen bringen, was wir brauchen oder nicht, und mit dem Smartphone Tag und Nacht Kontakt mit unseren Mitmenschen halten. Wir haben also ein reiches, erfülltes Leben, nicht wahr? Ich wünschte Ihnen, dass es so wäre. Im ungünstigen Fall könnte es sein, dass Ihnen diese Fülle mehr Stress bereitet als Freude. Die bekannte britische Palliativmedizinerin Cicely Saunders sagte treffend: „Es geht nicht darum, dem Leben mehr Tage zu geben, sondern den Tagen mehr Leben."

Mehr Leben heißt nicht mehr Hektik. Eine „lange Weile" und achtsames Erleben sind Balsam für unser Gehirn und wird als wertvolle Erfahrung abgespeichert. Genießen Sie Ihre Zeit, anstatt sie nur optimal zu nutzen.

Lachen Sie sich einen Ast

Hätten Sie es gewusst? Kinder lachen durchschnittlich etwa 300 Mal am Tag, ein Erwachsener lacht höchstens 15 Mal. Es soll sogar Zeitgenossen geben, für die dies ein Monatspensum wäre ... Dabei weiß doch jeder: Lachen ist gesund. Aber weil wir keine Kinder mehr sind, müssen wir das Lachen erst wieder lernen.

Kein Witz: In Indien wurde 1995 der erste Lachclub gegründet. Dort traf man sich zum grundlosen Lachen und zelebrierte sogenannte Hoho-Haha-Übungen. Weil sich herausstellte, dass anhaltendes Lachen der körperlichen und geistigen Gesundheit genauso zuträglich ist wie viele Yogaübungen, nannte man sie Lachyoga. In der Zwischenzeit gibt es zahlreiche Lachyoga-Gruppen auch in Deutschland. Wenn Sie sich etwas Gutes tun wollen, dann sollten Sie Ihre tägliche Lachdosis auf mindestens das Doppelte steigern. Dazu sind alle Mittel erlaubt. Nutzen Sie jede Gelegenheit: eine komische Situation, wenn Sie einen Witz hören oder lesen oder (am besten wenn Sie alleine sind!) lachen Sie grundlos. Eine gute Übung: Lachen Sie mindestens eine Minute (auf die Uhr schauen!) und halten Sie sich dabei die Hände auf den Bauch. Oder: Überbrücken Sie Wartezeiten z. B. in einer Schlange vor der Kasse, indem Sie lautlos in sich hineinlachen. Und wenn Ihnen nichts einfällt, worüber Sie lachen könnten, dann denken Sie daran: Das gesündeste Lachen ist immer das Lachen über sich selbst.

Machen Sie sich das Leben leichter

Es ist so schwer, sich das Leben leicht zu machen, und so leicht, sich das Leben schwer zu machen. Die meisten Menschen schleppen mehr materiellen, körperlichen und seelischen Ballast mit sich herum, als notwendig wäre.

Das überflüssige Gerümpel in Wohnung, Kleiderschrank, Büro oder Garage – brauchen Sie das wirklich alles noch? Eine gute Faustregel lautet: Alles, was man in den letzten zwei Jahren nicht benutzt hat, kann weg. Außer Reserven für den Notfall und Dokumente. Fachartikel, die man nicht gleich liest, wird man später auch nicht lesen. Ebenso kann man die dritte oder vierte Ausrüstung für den Fall der Fälle getrost entsorgen. Aber auch alter Ärger, Kränkungen oder Schuldgefühle gehören in die Seelenbiotonne. Welche alten Einstellungen, Glaubenssätze oder Ängste schleppen Sie noch mit sich herum, die in die Vergangenheit gehören? Was spricht dagegen, belastende Einstellungen zu aktualisieren und selbst angelegte Ketten zu entfernen? Auch Routine kann das Leben belasten. Sorgen Sie dafür, dass vertraute Tätigkeiten neuen Reiz bekommen, dann gehen sie leichter von der Hand.

Je mehr wir uns von innerem und äußerem Ballast befreien, umso mehr kann der Körper angesammelte Pfunde loslassen. Befreien Sie sich von allem Gerümpel. Fangen Sie da an, wo es Ihnen am leichtesten fällt. Sie lösen damit eine Kettenreaktion aus und Ihr Leben wird spürbar leichter!

Machen Sie sich keine Sorgen

Der Athlet ist hoch konzentriert. Gleich beginnt der Wettkampf. Seine ganze Vorstellungskraft richtet er darauf, als Sieger durchs Ziel zu gehen. Er weiß genau, jeder Gedanke ans Scheitern würde ihm jetzt die Kraft nehmen. Alle Befürchtungen würden zu einem Schreckgespenst wachsen, das von ihm Besitz ergreift. Genauso der Künstler, der auf einer Bühne steht, oder der Chirurg vor einer schwierigen Operation. Sie brauchen die mentale Stärke, ihren Fokus auf den Erfolg zu richten, darauf, wie es werden soll. Jeder Zweifel am Gelingen könnte verheerende Folgen haben.

In unserem Alltag läuft dies oft ganz anders. Wir machen uns Sorgen, haben Befürchtungen und stellen uns das Schlimmste vor. Hilft uns dies? Ganz im Gegenteil! Wir sind emotional auf das konzentriert, was wir auf keinen Fall wollen und wovor wir uns fürchten. Auf diese Weise bringen wir viel negative Energie in unser Bewusstsein. Was glauben Sie, was daraus entstehen kann? Gutes bestimmt nicht.

Machen Sie sich keine Sorgen über ungelegte Eier, vielleicht kommt alles ja ganz anders. Überlegen Sie: Wie viel von dem, worüber Sie sich schon Sorgen gemacht haben, ist wirklich eingetroffen? Gehen Sie, bis nichts anderes bewiesen ist, erst einmal davon aus, dass es gut ausgeht. Wenn es anders kommt, können Sie sich immer noch darum kümmern. Warum sollen wir uns das Leben vermiesen mit Problemen, die wir vielleicht gar nicht haben werden?

Morgen ist heute schon gestern

Neigen Sie dazu, sich schnell aufzuregen, und sind Sie manchmal auch bei nichtigen Anlässen gleich auf hundertachtzig? Bewundern Sie heimlich Menschen, die auch in unliebsamen Situationen die Ruhe weg haben? Fragen Sie sich, wie sie das wohl machen? Nun, als Erstes muss man sich immer vor Augen führen, dass es nicht die Dinge an sich sind, die Stress und Ärger verursachen, sondern unsere Einstellung dazu. Stellen Sie sich selbst die Frage, wie wichtig eigentlich ist, was da gerade passiert. Wie wichtig ist der Stau, die dumme Bemerkung Ihres Gegenübers, die zugeparkte Einfahrt oder die Rücksichtslosigkeit des anderen? Objektiv betrachtet werden Sie sehen: Alles ist relativ – meist relativ unwichtig. Aus Erfahrung wissen Sie: Was Sie heute noch aufregt, ist morgen schon Schnee von gestern.

Gelassene Menschen sind klar im Vorteil. Sie lassen sich nicht schnell unter Druck setzen und zum vorschnellen Handeln verleiten, das sie später bereuen. Wenn Sie dazu neigen, wie ein HB-Männchen zu reagieren, habe ich einen Tipp für Sie: Gehen Sie innerlich auf Distanz und betrachten Sie die Situation, als wenn Sie ein Außenstehender wären. Was würden Sie einer anderen Person in Ihrer Lage raten? Stellen Sie sich vor, Sie sähen alles auf einer Theaterbühne sitzend oder im Film, während Sie sich gemütlich im Fernsehsessel räkeln. Wäre es dann immer noch so dramatisch?

Nicht dagegen ankämpfen – akzeptieren

Haben Sie auch manchmal mit Problemen zu tun? Dann sind Sie in guter Gesellschaft. Der französische Schriftsteller Antoine de Saint-Exupéry („Der kleine Prinz") lehrte uns: „Bewahre mich vor dem naiven Glauben, es müsste im Leben alles glatt gehen. Schenke mir die nüchterne Erkenntnis, dass Schwierigkeiten, Niederlagen, Misserfolge, Rückschläge eine selbstverständliche Zugabe zum Leben sind, durch die wir wachsen und reifen."

Wie gehen Sie mit Ihren Problemen um? Viele Menschen machen den Fehler, gegen ihre Probleme zu kämpfen. Dies führt in aller Regel dazu, sich noch tiefer in sie zu verstricken. Albert Einstein erkannte: „Probleme kann man niemals auf derselben Ebene lösen, auf der sie entstanden sind." Leider tun die meisten Menschen genau das. Indem sie das Problem bekämpfen, suchen sie die Lösung auf der gleichen Ebene, auf der die Schwierigkeit ihren Ursprung genommen hat. Es scheint in der menschlichen Natur zu liegen, gegen das zu kämpfen, was wir weghaben wollen.

Wer mit seiner misslichen Situation hadert, verschwendet viel Zeit und Kraft. Besser ist es, ein einschneidendes Ereignis zunächst als unabänderlich anzunehmen, um dann im zweiten Schritt nach Lösungen zu suchen. Geschehene Dinge können wir nicht rückgängig machen. Aber wir sind dafür zuständig, das Bestmögliche unter den gegebenen Umständen daraus zu machen.

Retten Sie die Million

Stellen Sie sich vor, der liebe Gott würde für Sie jeden Tag eine Million Euro – das ist eine Eins mit sechs Nullen – bereithalten. Sie müssten nichts dafür tun. Es gibt nur eine einzige Bedingung: Sie müssten sich glücklich und entspannt fühlen, dann bekämen Sie anteilmäßig den Betrag gezahlt. Für jede glückliche Stunde gut 41.500 Euro, jede Minute also rund 695 und pro Sekunde 11,58 Euro. Wäre das nicht toll?

Ach – was ich noch vergessen habe, ist, dass für die Zeit, in der Sie sich nicht glücklich und nicht entspannt, sondern unzufrieden, angespannt, genervt, entmutigt, verärgert, wütend oder sonst irgendwie schlecht fühlen, Ihnen das Doppelte des Betrages abgezogen wird. Also jede schlechte Stunde kostet Sie rund 83.000, jede schlechte Minute gut 1.400 und jede Sekunde immerhin noch 23,16 Euro!

Es gilt, die Million zu retten! Wie viel Geld haben Sie am Ende des Tages bewahrt? Es soll sogar Menschen geben, die gar nichts übrig behalten, ja sogar kräftig Miese machen!

Und noch etwas habe ich vergessen: Natürlich bekommen Sie den Überschuss nicht in Euro, sondern in Gesundheitswährung auf Ihr Gesundheitskonto überwiesen. Oder Sie bekommen eben eine Lastschrift. Wie viel ist Ihnen Ihre Gesundheit wert? Wäre es nicht wichtig, die Verantwortung für Ihre Gefühle zu übernehmen? Auch wenn es manchmal nicht einfach ist, lohnt es sich mehr als alles andere!

Seien Sie mit Ihrem Leben zufrieden

Kennen Sie auch solche Tage, an denen man sich in der eigenen Haut unwohl fühlt und am liebsten jemand anders wäre? Ich lade Sie zu einem kleinen Gedankenspiel ein: Stellen Sie sich vor, Sie wären tatsächlich jemand anders. Irgendjemand, den Sie sehen, im Bus, auf der Straße oder im Supermarkt. Stellen Sie sich vor, Sie hätten diesen anderen Körper, eine andere Lebenssituation, einen anderen Arbeitsplatz, andere Freude, eine andere Familie. Was würden Sie vermissen? Was würden Sie niemals tauschen wollen? Was würde Sie an Ihrem anderen Dasein stören? Welche anderen Aufgaben und Schwierigkeiten kämen auf Sie zu? Würden Sie Ihre Freunde oder Familie durch andere Menschen ersetzen wollen?

Am Ende dieses kleinen Gedankenexperiments werden Sie spüren, dass Ihr Leben nicht perfekt ist, aber trotzdem schön genug, dass Sie nicht mit anderen tauschen wollten – auch wenn sich dadurch vielleicht ein paar Probleme lösen würden.

Es gibt ein indisches Märchen, in dem alle Menschen eines Dorfes ihre Probleme in ein Paket packen und an die Dorfeiche hängen können. Eine Bedingung ist allerdings damit verknüpft: Sie müssen das Päckchen eines anderen mitnehmen. Nach einer kurzen Weile bringen alle das fremde Päckchen zurück und holen ihr eigenes wieder ab. Fazit: Nehmen Sie Ihr eigenes Leben an, es gibt kein besseres.

Sind Sie auch stets bemüht?

„Er (oder sie) war stets bemüht." Bekanntlich ist dies kein gutes Prädikat in einem Arbeitszeugnis. Bemüht zu sein heißt noch nicht, es auch geschafft zu haben. Zeugnisse, die uns ausgestellt werden, können prägend sein. Insbesondere solche, die wir uns selbst verpassen. Wie schätzen Sie sich selbst ein? Wie gehen Sie durch Ihr Leben?

Es gibt zwei Arten, sein Leben zu erleben. Version A: üben, ein Meister zu werden – oder Version B: ein Meister sein, der übt. Wer sich dies genau vor Augen führt, dürfte ganz klar zu Version B tendieren. Erstaunlicherweise tun dies die allerwenigsten! Auch Sie müssen das nicht tun, Sie können ruhig weiterhin „stets bemüht" sein. Aber denken Sie immer daran: Sie selbst bestimmen. Ihre Selbstwahrnehmung hat unsagbare Macht über Ihr Leben. Überlegen Sie einmal: Was ändert sich in Ihrer Wahrnehmung, wenn Sie sich als Schüler oder als Meister erleben? Was bringt Sie besser in Ihre Kraft? Was macht dies mit Ihrem Selbstwertgefühl und Ihrer Selbstachtung?

Sie müssen nicht warten, bis Sie auf dem Sterbebett liegen, um ein Meister zu werden, der übt. Sie können ein Meister, der übt, jetzt und von dort aus werden, wo Sie gerade sind. Sprechen Sie es einfach aus! Und dann begreifen Sie bewusst jedes Ereignis in Ihrem Leben als eine Demonstration Ihrer Meisterschaft.

Tu dir gut

Wohl kaum jemand bekommt all seine Wünsche und Bedürfnisse erfüllt. Natürlich sind dafür auch gar nicht die anderen zuständig; weder Partner noch Chef, auch nicht andere Familienangehörige oder die beste Freundin. Zudem sind es nicht große Herzenswünsche, die sich erfüllen müssen, damit wir glücklich sind. Vor allem sind es die kleinen Dinge, die unsere Lebensqualität erheblich steigern können. Das hat die Glücksforschung herausgefunden. Dabei spielt es kaum eine Rolle, ob andere oder wir selbst uns etwas Gutes tun. Sich selbst zu verwöhnen, hat nichts mit Egoismus zu tun – es ist vielmehr die Grundlage für Ausgeglichenheit und Zufriedenheit im Alltag. Nur wer gut für sich selbst sorgt, kann auch für andere da sein.

Mein Tipp: Nehmen Sie sich ein Blatt Papier und schreiben Sie alles auf, was genau Ihnen gut tut. Das kann ein Waldspaziergang sein, ein Saunabesuch, ein gutes Gespräch, eine Runde Radfahren... Nennen Sie aber nur Dinge und Ereignisse, deren Umsetzung Sie selbst in der Hand haben. Wenn Sie mindestens 25 (!) Genussmomente zusammengetragen haben, planen Sie die besten davon in Ihr Leben ein – und zwar verbindlich! Schreiben Sie Ihre täglichen Seelenstreichler in den Terminkalender und handhaben Sie diese in der Umsetzung dann genauso verbindlich wie wichtige geschäftliche oder familiäre Termine. Nur dann wird's auch was mit der Lebensfreude!

Tun Sie so als ob

Kennen Sie das? Sie fühlen sich genervt, gereizt, alles geht Ihnen auf den Wecker und Hilfe ist auch nirgends in Sicht. Ich möchte Sie einladen, einmal etwas auszuprobieren, was Ihnen wahrscheinlich zuerst komisch vorkommt. Es ist so einfach, dass man kaum glauben kann, welch große Wirkung es hat. Und hier ist die Zauberformel: Tun Sie doch einfach mal so als ob! Tun Sie so, als ob Sie ruhig und gelassen wären, als ob Sie ganz souverän über den Dingen stünden oder als ob Sie akzeptieren könnten, was Sie sowieso nicht ändern können. Wie ein Schauspieler, der sich mit Haut und Haaren in seine Rolle hineinversetzt.

Sie müssen das nicht tun. Es ist Ihr gutes Recht, sich weiterhin schlecht zu fühlen – aber Sie sind nicht verpflichtet dazu. Der Trick dabei ist: Ihr Nervensystem unterscheidet nicht, ob ein Zustand real ist oder nur vorgestellt. Wenn Sie beispielsweise einen Albtraum haben, werden Sie schweißgebadet wach, obwohl sich alles nur in Ihrer Vorstellung abgespielt hat. Es geht nicht darum, sich alles schön zu denken, auch schlimme Gefühle wie Trauer, Schmerz und Enttäuschung brauchen ihren Raum. Aber wenn Sie Ihre negativen Alltagsgefühle permanent ausmisten, gewinnen Sie viel Lebensqualität. Zudem trainiert Ihr Nervensystem gute Gefühle wie einen Muskel und schüttet die passenden Wohlfühlhormone aus.

Tun Sie so als ob und es wird Ihnen besser gehen! Glauben Sie mir.

Verschwenden Sie Zeit

Was täten Sie, wenn Sie Ihre Zeit verschwenden dürften? Den üblichen Zeiträubern würden Sie sich bestimmt nicht widmen. Sie würden einfach mal faul rumliegen, die alte Gitarre oder die halbvertrockneten Ölfarben wieder herauskramen, mit Ihren Kindern Malefiz spielen, sich Urlaubsbilder anschauen oder sich Ihre früheren Lieblings-CDs oder -DVDs reinziehen. Vielleicht würden Sie auch am helllichten Tag spazieren gehen oder Fahrrad fahren. Warum würden Sie all diese unnützen Dinge tun? Weil sie Ihnen gut tun und weil sie Ihnen wichtig sind. Wenn Sie Zeit zu verschwenden hätten, würden Sie unmittelbar all das wieder zum Leben erwecken, was seit Jahren in Ihnen unbefriedigt schlummert. Tief im Innersten wissen Sie, was Ihnen gut tut, was Sie können und was Sie brauchen. Verpflichtungen und Sachzwänge drehen diesen Hahn oft zu. Die wahren Bedürfnisse und hilfreichen Ressourcen werden zwar verdrängt, aber nie gelöscht.

Erwecken Sie diese selbststärkenden Seiten in Ihnen aus dem Dornröschenschlaf. Natürlich muss all das, was wichtig ist, an erster Stelle stehen, aber zu jedem Pflichtprogramm gehört auch die Kür, bei der man zeigen darf, was man sich selbst ausgesucht hat. Zeitverschwendung ist in diesem Sinne gut angelegtes Kapital in körperliche und seelische Gesundheit, das Ihnen hilft, besser durch den Alltagsstress zu kommen.

Vielleicht geht es Ihnen besser, als Sie glauben

Wie geht es Ihnen? Sagen Sie nicht vorschnell „Danke, gut", denn ich meine es ernst. Sind Sie zufrieden mit Ihrem Leben? Sind Sie glücklich? In meinen Seminaren mache ich folgende Übung: Die Teilnehmer erzählen sich gegenseitig zehn Minuten lang, wo sie der Schuh drückt und mit welchen Problemen sie belastet sind. Die Zeit erscheint meist zu knapp bemessen. Dann drehen wir den Spieß um: Man erzählt sich gegenseitig, was es Schönes im Leben gibt, worüber man dankbar und glücklich sein kann. Nach wenigen Minuten wird es oft still – der Stoff geht schnell aus.

Sind wir wirklich alle so unglücklich? Gibt es mehr Negatives als Freude im Leben? Oder ist es vielmehr so, dass sich das Augenmerk schneller auf das Negative richtet und das Gute in unserem Leben als selbstverständlich vorausgesetzt wird? Uns geht es in jeder Hinsicht so gut wie noch nie in der Menschheitsgeschichte: Wir werden täglich satt, haben sauberes Wasser zum Trinken, saubere Luft zum Atmen, zudem eine noch nie da gewesene medizinische und soziale Versorgung. Unsere Urgroßeltern hätten diesen Wohlstand wohl nie für möglich gehalten.

Mein Vorschlag: Nehmen Sie ein Stück Papier und machen Sie sich zwei Spalten, links für das Negative, rechts für das Positive. Schreiben Sie alles auf, was Ihnen zu Ihrem Leben einfällt. Hören Sie nicht auf, bevor die rechte Spalte deutlich größer ist als die linke. Sie werden genug finden. Garantiert.

Was würden Sie im nächsten Leben tun?

„Wenn ich noch einmal auf die Welt komme, dann werde ich …“. Wer hat diesen Satz nicht schon einmal ausgesprochen oder zumindest gedacht. Bei einer Studie sagten über 90 Prozent der Befragten, wenn sie noch einmal leben könnten, würden sie mehr über ihr Leben nachdenken. Sie würden ihre Motive und Wünsche hinterfragen, ihren Lebenskontext betrachten und sich Ziele setzen. Sie würden ein selbstbestimmteres Leben führen.

Sie würden also ganz freiwillig das tun, wovon Menschen berichten, die schwere Krisen oder Krankheit überwunden haben oder nur knapp dem Tod entgangen sind: Das zweite Leben, das ihnen geschenkt wurde, wissen sie mehr zu schätzen. Manche feiern sogar einen zweiten Geburtstag.

Würden auch Sie sich mehr Mut wünschen, Ihr eigenes Leben zu leben und nicht das, was andere von Ihnen erwarten? Der britische Staatsmann und Schriftsteller Benjamin Disraeli bedauerte: „Die meisten von uns nehmen ihre Musik mit ins Grab.“ Was hindert Sie daran, Ihre eigene Musik zu spielen? Erlauben Sie sich die Tatsache, dass Sie anders sind als andere. Und zwar als Besonderheit und nicht als Makel. Je stärker Sie Ihr Leben an Ihren eigenen Fähigkeiten, Neigungen und Werten ausrichten, als umso glücklicher empfinden Sie es.

Mein Tipp: Handeln Sie in diesem Leben. Ob Sie ein nächstes haben, kann Ihnen niemand garantieren.

Welche Farbe hat Ihre Seele?

Der römische Kaiser Marc Aurel lehrte: „Auf Dauer nimmt die Seele die Farbe der Gedanken an." Rund zweitausend Jahre später hat die Neurowissenschaft erforscht, wie recht er damit hatte. Mit „Neuroplastizität" bezeichnen Hirnforscher die Funktionsweise des menschlichen Gehirns, sich ständig neu zu vernetzen. Auf diese Weise lernen wir immer etwas dazu – bis ins hohe Alter. „Unser Gehirn lernt immer – es kann gar nicht anders", das ist das Resümee der modernen Hirnforschung.

Machen Sie sich klar, was das bedeutet: Alle Gedanken, mit denen wir unser Gehirn füttern, ob Grau in Grau oder hell und fröhlich, vernetzen sich und werden zum „Betriebsklima", mit dem unser Gehirn die Welt erlebt. „Die Welt ist das, was du von ihr denkst", wussten schon die Huna-Priester auf Hawaii. Es gibt niemals nur eine Sichtweise der Dinge, sondern unzählig viele Blickwinkel. Welche Anschauung Sie davon wählen, hinterlässt Spuren in Ihrem Gehirn. Es lernt, wie die Dinge – nach Ihrer persönlichen Sichtweise – sind. Das nächste Mal weiß es schon Bescheid und muss sich nicht mehr die Mühe machen, neu darüber nachzudenken. So spart das Gehirn Energie: Es passt sich immer genau dem an, was wir häufig tun oder denken.

Passen Sie deshalb auf, womit Sie sich häufig gedanklich beschäftigen. Sorgen Sie dafür, dass Ihre Seele in einer hellen, freundlichen Farbe leuchtet.

Weniger ist oft mehr

Wir leben in einer hektischen Welt. Ständig wachsende Anforderungen, Arbeitsverdichtung, Existenzängste: alles Schlagworte, die zu unserem heutigen Arbeitsleben gehören. Dazu kommen Anforderungen im privaten Bereich: perfekte Mutter oder Vater sein, idealer Lebenspartner, bestens eingerichtete Wohnung, das neueste Smartphone und so weiter. All dies führt nicht selten zu einer kompletten Überforderung, der Zusammenbruch ist vorprogrammiert.

Genauso, wie manche zu wenig haben, kann man auch zu viele Dinge besitzen. Konsum schafft Abhängigkeiten. Zufriedenheit kann man von Konsum hingegen nicht erwarten. Überlegen Sie, was Sie wirklich brauchen. Entrümpeln Sie Ihr Zuhause und Ihre Ansprüche am besten gleich mit. Vereinfachen Sie Ihr Leben und machen Sie die Erfahrung, dass Sie mit weniger viel besser auskommen, als Sie vielleicht geglaubt hätten. Gerade in unserer hoch technisierten und komplizierten Welt hat diese Vereinfachung viel Reizvolles an sich.

Lernen Sie Ihre wirklichen Bedürfnisse kennen. Spüren Sie wieder, was Ihnen wirklich Freude macht und Sie erfüllt. Das können ganz einfache Dinge sein, vielleicht kosten sie sogar keinen Cent. Wahrscheinlich sind sie auch nicht „in" oder Sie schwimmen damit sogar gegen den Strom. Vielleicht werden sie dadurch für Sie noch reizvoller. Bestimmt aber ist das eine gute Prophylaxe für ein zufriedenes und glückliches Leben.

Werden Sie Schwarzmaler

Die wirklich schlimmen Dinge sind meistens gar nicht das Schlimmste. Viel mehr befürchten wir Unannehmlichkeiten, die uns das Leben vermiesen können. Solche Gefahren lauern überall: Sie könnten in einen Stau geraten, wenn Sie mit gepackten Koffern auf dem Weg zum Flughafen sind. Sie könnten einen großen Kunden verlieren oder Ihr Arbeitgeber könnte Sie nicht mehr weiter beschäftigen wollen und dann könnten Sie vielleicht die Miete nicht mehr bezahlen und Ihr Vermieter würde Sie auf die Straße setzen.

Anstatt sich selbst gut zuzureden, was Sie sich dann sowieso nicht glauben, gießen Sie doch einmal so richtig Öl ins Feuer. Übertreiben Sie maßlos: Wenn ich das Flugzeug verpasse, hat mein Leben keinen Sinn mehr, ich werde zeitlebens unglücklich und depressiv sein. Oder bei drohenden finanziellen Einbußen: Wenn ich den Kunden oder meine Arbeitsstelle verliere, werde ich verarmen, Haus und Hof verlieren, ich muss unter der Brücke schlafen und mir nachts heimlich weggeworfene Lebensmittel aus den Mülltonnen suchen und alle Freunde werden sich von mir abwenden. Wetten, dass Sie lächeln müssen und sich eine innere Stimme meldet: „Na, so schlimm kann´s ja wohl nicht werden."

Einen sicher nicht ganz ernst gemeinten Tipp muss ich Ihnen unbedingt weitergeben. Jemand (ich weiß leider nicht mehr, wer das war), gab den Rat, sich im Zweifelsfall die Frage zu stellen: Was würde Lassie tun?

Werfen Sie einfach eine Münze

Tun Sie sich auch manchmal schwer, eine Entscheidung zu treffen? Da gibt es zwei Dinge, die gleich wichtig sind, und Sie wissen nicht, wofür Sie sich entscheiden sollen. Solche Entscheidungsblockaden können viel Energie absaugen. Es ist so, als ob Sie keinen Gang eingelegt haben und der Motor im Leerlauf aufheult. Im ungünstigsten Fall machen Sie beides nicht und Sie kommen keinen Meter voran, weil Sie sich nicht entscheiden konnten oder Angst hatten, das Falsche zu tun. Noch nie konnten wir so viel entscheiden wie heute. Die vielen Möglichkeiten machen uns das Leben schwer. Wie können wir trotzdem die richtige Wahl treffen?

Wenn es Ihnen öfter so geht, dann habe ich einen verblüffend einfachen, aber hochwirksamen Tipp für Sie: Werfen Sie doch einfach eine Münze! Das meine ich wirklich im Ernst. Legen Sie fest, was Zahl oder Wappen bedeutet, und werfen Sie die Münze. Dann machen Sie genau das, was die Zufallsentscheidung ergeben hat. Manchmal ist es gut, sich einen Ruck zu geben und etwas einfach zu tun. Selbst dann, wenn sich im Nachhinein herausstellt, dass es das Falsche war. Wenigstens haben Sie nun eine Antwort und Sie sind ins Handeln gekommen. Das ist allemal besser als zu verharren wie gelähmt.

Es kann auch sein, dass Sie in dem Moment, wenn die Münze gefallen ist, merken, dass Sie eigentlich lieber genau das andere machen wollen. Na prima, dann wissen Sie ja jetzt endlich, was Sie wollen!

Wie lange stemmen Sie es schon?

Erkenntnisse lauern überall. Sogar im Bierzelt bei zünftiger Blasmusik, Schuhplattler und Oktoberfeststimmung. Als Höhepunkt der Gaudi ist Maßkrugstemmen angesagt. Junge Burschen in Lederhosen und kräftigen Muckis in den Oberarmen wetteifern darum, wer den Bierkrug am längsten mit ausgestrecktem Arm halten kann. Immerhin knapp fünf Minuten schafft der Sieger, bevor auch ihn die Kräfte verlassen. Bei gut zehn Minuten soll der Rekord liegen, erklärt der Moderator des Abends. Donnerwetter!

Man könnte das Gleiche auch mit einem kleineren Glas, mit einem halben oder viertel Liter, ja sogar mit einem Sektglas machen. Ein paar Minuten wären dann erst recht kein Problem, aber bald würde auch der Arm anfangen zu schmerzen. Das Gewicht des Glases ändert sich zwar nicht, aber je länger Sie es stemmen müssen, desto schwerer wird es. Genauso ist es mit unseren Problemen, den Sorgen und dem Stress. Kurzzeitig kann man dies in der Regel ganz gut verkraften. Werden die Belastungen jedoch zu Dauerbrennern, können sie Körper und Seele in Mitleidenschaft ziehen.

Wie können Sie diese Erkenntnis für sich nutzen? Hören Sie auf, sich den ganzen Tag mit Ihren Sorgen und Problemen zu beschäftigen und sich zu stressen. Trauen Sie sich, all das auch mal zur Seite zu schieben und Ihr Leben trotzdem zu genießen. Setzen Sie das Glas auch einfach mal ab!

Zum Teufel mit dem schlechten Gewissen

Hand aufs Herz: Wer hatte nicht schon öfter mit dem schlechten Gewissen zu tun. Nun, das könnte eine positive und heilsame Wirkung haben. Nämlich dann, wenn man es zum Anlass nimmt zu bereuen, die Sache in Ordnung zu bringen oder sich zumindest zu entschuldigen und daraus zu lernen.

Oft ist alles aber viel komplizierter: Das schlechte Gewissen nagt am Selbstwertgefühl und raubt uns die Energie, die wir dringend bräuchten, um eine Situation besser zu meistern. Wer hat nicht schon vor lauter schlechtem Gewissen sich eben nicht entschuldigt und es nicht in Ordnung gebracht? Was nützt das schlechte Gewissen, wenn die Schokolade gebraucht wird? Wenn jemand raucht, weil die Zigarette hilft, sich zu beruhigen oder Druck besser auszuhalten, dem wird mit dem Packungsaufdruck „Rauchen gefährdet Ihre Gesundheit" zusätzlich ein schlechtes Gewissen gemacht. Was glauben Sie, welche Auswirkungen dies auf sein Verhalten hat? Wird ihn dies abschrecken zu rauchen? Eher im Gegenteil: Er wird erst recht zur Zigarette greifen, um das schlechte Gewissen besser auszuhalten. Logisch ist das nicht – aber psychologisch.

Ein schlechtes Gewissen schadet mehr, als es nutzt. Stehen Sie zu Ihren Fehlern, das macht Sie menschlich. Und es gibt Ihnen die Kraft, auf Dauer bessere Lösungen zu finden. Dann brauchen Sie kein schlechtes Gewissen als Erinnerungsanker.

KAPITEL 5

Für Ihre Gesundheit

**Geduld.
Es wächst auch nicht schneller,
wenn du daran ziehst.**

„In der ersten Hälfte des Lebens opfern wir unsere Gesundheit, um Geld zu verdienen.
In der anderen Hälfte opfern wir Geld, um die Gesundheit wiederzuerlangen."

Voltaire

Ärger ist gesund

Ja, Sie haben richtig gelesen: Ärger ist wirklich gesund. Aber nur dann, wenn Sie ihn auch wieder loslassen können und nicht speichern. Sonst kann er in Ihrem Innern schlimme Schäden anrichten: chronische Schmerzen, für die kein Arzt eine organische Ursache findet, Organleiden, Migräne oder Depressionen, um nur einige Beispiele aufzuführen.

Aus unverdautem Ärger kann auch ein ätzendes, andauerndes Gefühl der Unzufriedenheit entstehen. Das Ergebnis dieses unverträglichen Gemütscocktails ist die Nörgelei bis hin zum Zynismus: Sie geben andauernd Ihrer Unzufriedenheit Ausdruck. Gleichzeitig sind Sie innerlich davon überzeugt, dass sich ja doch nichts ändern wird. Da braucht man sich nicht zu wundern, wenn auch andere Menschen entsprechend genervt auf Sie reagieren, denn Gefühle sind ansteckend – im Guten wie im Bösen. Es ist zu befürchten, dass Sie bald von vielen unfreundlichen Gesichtern und missmutigen Menschen umgeben sein werden. Der Volksmund sagt: „Wie es in den Wald hineinschallt, so schallt es heraus."

Übernehmen Sie die Verantwortung für Ihr seelisches Wohlbefinden. Fressen Sie den Ärger nicht in sich hinein. Seinem Ärger einmal Luft zu machen, ist gesund und heilsam. Ein Gewitter reinigt die Luft. Und wenn Sie danach wieder freundlich und friedfertig zur Tagesordnung übergehen können, haben Sie sich körperlich und seelisch gesäubert.

Angst essen Seele auf

Angst ist eine überlebenswichtige Emotion. Ohne Angst im rechten Moment wären wir verloren. Wenn jedoch die Angst bereits bei geringfügigen Anlässen anspringt und zum allgegenwärtigen Begleiter wird, reduziert dies die Lebensqualität bis an die Grenze des Unerträglichen.

Was bringt unser Nervensystem dazu, so übertrieben stark zu reagieren? Nicht verarbeitete Verletzungen, Konflikte oder traumatische Erlebnisse aus unserer Vergangenheit halten uns bis heute in innerer Anspannung. Oftmals spüren wir diese gar nicht mehr. Nicht alles, was vergangen ist, ist auch verdaut. Ist der Seelenmülleimer voll mit unverdautem biografischem Müll, dann ist kein Platz mehr für den kleinen Alltagsabfall. Der Seelenmülleimer beginnt überzulaufen. Schon kleine Erregungen vervielfachen sich durch die angestaute Wut, Enttäuschung oder Verletzung durch frühere Ereignisse zu Angstzuständen.

Wenn sie unter Angstzuständen leiden, müssen Sie ihren Vergangenheitsmülleimer entleeren, indem Sie mit dem Schlimmen von damals Ihren Frieden finden. Suchen Sie sich dafür Hilfe. Ihr Auto können Sie wahrscheinlich auch nicht selbst reparieren.

Angst kann man nicht abschalten, aber man kann dafür sorgen, dass das überstrapazierte Nervensystem wieder zur Ruhe kommt.

Bleiben Sie gesund am Arbeitsplatz

Konflikte am Arbeitsplatz können Vermögen vernichten. Laut Wirtschaftsprüfern summieren sich Kosten für gescheiterte Projekte wegen Konflikten unter den Beteiligten auf Millionenhöhe. Unbezahlbar sind jedoch die gesundheitlichen Schäden, die dabei entstehen können. Renate und Gerd etwa reden kein Wort mehr miteinander, bestenfalls ein genuscheltes „Guten Morgen". Im Prinzip sind sie geschiedene Leute. Dabei waren sie gar nicht miteinander verheiratet, noch nicht mal liiert. Aber in vielen Jahren im gleichen Büro baut sich eine Beziehung auf. Acht Stunden täglich, das ist oft mehr Zeit, als man mit dem eigenen Partner verbringt. Irgendwann war es so weit: Der schwelende Konflikt zwischen Renate und Gerd brach aus. Seitdem ist Funkstille.

Menschen, die den ganzen Tag miteinander zu schaffen haben, machen irgendwann einander zu schaffen – das lässt sich kaum vermeiden. Niemand muss seine Kollegen lieben. Aber mit ihnen auskommen sollte man schon, und wenn's noch so schwerfällt. Rechtzeitig miteinander sprechen kann Abhilfe schaffen. Bringt dies keine Lösung, dann machen Sie sich klar: Der Arbeitsplatz ist nicht die Familie, auch kein Freundeskreis und erst recht keine Therapiegruppe zum Ausweinen. Verhalten Sie sich auch professionell, indem Sie die Zuständigkeit für Ihre Gesundheit selbst übernehmen.

Dein Körper – Freund oder Feind?

Der menschliche Körper ist ein Wunderwerk. Er besteht aus 50 Billionen Zellen – und jede einzelne Zelle besitzt die kompletten Informationen, die unser Körper braucht, um voll funktionsfähig zu sein. Der Körper ist ein wertvolles Geschenk der Natur. Wie wertvoll er ist, wird uns meistens erst bewusst, wenn er nicht mehr funktioniert und Schmerzen bereitet. Keine Rede mehr von einem Geschenk, dann hadern wir mit ihm und beginnen sogar gegen ihn zu kämpfen. Dabei spricht unser Körper auf diese Weise mit uns, nur verstehen wir seine Sprache nicht immer.

Man kann lernen, diese Sprache besser zu verstehen. Dazu braucht es aber eine gute Kommunikation und ein achtsames Miteinander. Auch kleine Geschenke erhalten bekanntlich die Freundschaft. Sorgen Sie deshalb gut für Ihren Körper. Behandeln Sie ihn wie Ihren besten Freund, um dessen Wohlergehen es sich zu kümmern lohnt. Teresa von Avila sagte schon vor fünfhundert Jahren: „Tu deinem Körper öfter Gutes, damit die Seele Lust hat, darin zu wohnen."

Was könnten Sie Ihrem Körper Gutes tun, um ihn für seine treuen Dienste zu belohnen? Er ist sehr genügsam. Eine kleine unplanmäßige Auszeit, eine gute Tasse Tee, ein heißes Bad mit Ihrem Lieblingsduft, ein Spaziergang, eine kleine Entspannungsübung, schöne Musik genießen – bereits Kleinigkeiten können eine große Wirkung haben.

Es ist zum Weinen

Weinen Sie gerne? „Dumme Frage!", werden Sie jetzt denken, „natürlich nicht." Dabei leisten Tränen Körper und Seele wertvolle Dienste. Wenn wir von etwas sehr betroffen sind, werden über einen Nervenreiz Tränen ausgelöst. Diese enthalten Stoffe, die ähnlich wie Morphium Schmerzen lindern können. Zudem sammeln sich in der Tränenflüssigkeit Stresshormone, die Ihr Körper in solchen Momenten im Übermaß produziert. Wenn Sie also in Krisen zu weinen beginnen, ist das prinzipiell ein gutes Zeichen und hat eine reinigende Wirkung: Etwas löst sich und kann fortgeschwemmt werden.

Die Auslöser für Tränen können sehr vielfältig sein. Es gibt Tränen der Wut, der Freude, der Betroffenheit, der Rührung, der körperlichen oder seelischen Schmerzen oder auch Tränen zum Schutz der Augen, z. B. beim Zwiebelschneiden. Tränen sind eine notwendige natürliche Reaktion. Allerdings sind Tränen gesellschaftlich nicht gut angesehen. Niemand möchte gerne als Weichei oder Heulsuse gelten. Viele möchten zudem nicht durch Tränen verraten, was gerade in ihrem Innersten vorgeht.

Fazit: Bremsen Sie Ihre Tränen nicht und lösen Sie sich von der Idee, in allen Lebenslagen stark sein zu müssen. Auch Indianer kennen Schmerzen! Stehen Sie zu Ihren Gefühlen und bewahren Sie Körper und Seele die natürliche Möglichkeit zur Selbstreinigung.

Essen Sie bloß nicht zu gesund

Eier gefällig? Nein, danke. Zu viel Cholesterin! Gerade mal drei Stück in der Woche werden erlaubt. Etwas Speck dazu? Zu fett! Und zudem die gefährlichen Transfette. Aber ein Stück Brot darf's doch sein? Ja, aber nur aus der Vollkornbäckerei, mit vielen Ballaststoffen. Dazu ein kühles Bierchen? Bloß nicht – die vielen Kalorien und der Malzzucker obendrein! Na dann wohl lieber Sanddornsaft, der enthält wertvolle Vitamine und stärkt das Immunsystem. Dazu noch reichlich Obst und Gemüse? Ja, gerne, aber „Fünf am Tag", wie inzwischen jeder weiß, hat doch die Deutsche Gesellschaft für Ernährung sogar für Kindergärten Lieder getextet, bei denen unsere Kleinsten beim Reim fünfmal in die Hände klatschen. Wenn das keine gesunden Esser werden. Hoffentlich haben alle einen robusten Magen und eine gute Verdauung, denn so viel Gesundheit muss man erst mal vertragen.

Damit wir uns nicht falsch verstehen: Ich halte gesunde Ernährung für sehr wichtig. Aber die Frage ist, was eigentlich gesund ist. Die Antwort ist ganz einfach: Gesund ist alles, was Sie gut vertragen. Und was Ihnen schmeckt. Denn die zweite wichtige Frage lautet: Wo bleibt eigentlich der Genuss? Essen ist nicht nur biologische Nahrungsaufnahme, sondern das Essen muss uns auch schmecken.

Lernen Sie wieder, Ihrer kulinarischen Körperintelligenz zu vertrauen. Spüren Sie, was Ihnen gut tut, und genießen Sie Ihr Essen.

Essen Sie endlich wieder normal

Die ganze Hysterie mit Diäten und Lightprodukten hat den Menschen mehr geschadet als genützt. Der Körper lässt sich nicht austricksen. Ist weniger Nährwert in den Lebensmitteln, dann verlangt er einfach mehr davon. Der Hunger wird größer. So einfach ist das. Unsere Großeltern haben sich hauptsächlich an Kartoffeln, Gemüse, Obst und allem, was im Garten wächst, satt gegessen. Fleisch, Wurst und Leckereien gab es nur an Sonn- und Feiertagen. Heute haben wir jeden Tag Sonntag. Schon Wilhelm Busch reimte: „Nichts kann der Mensch schlechter vertragen als eine Reihe von guten Tagen." Wir leben heute in einem gigantischen Schlaraffenland, wie es sich früher selbst die Reichsten und die Könige nicht erträumt hätten. Die Genussmittelindustrie ist ein Milliardenmarkt und genauso viele Milliarden werden dafür aufgewendet, um die gesundheitlichen Folgen, die daraus entstehen, durch Diät- und pharmazeutische Produkte wieder beseitigen zu wollen. Kein Mensch wird von normalem Essen dick, vielmehr von zu vielem und unnatürlichem Essen.

Machen wir uns klar: Die Nahrungsmittelindustrie hat kein Interesse daran, dass wir wenig essen. Mit allen legalen Mitteln wie Aromen, Geschmacksverstärkern oder Farbstoffen zielt sie darauf, dass der Gaumen gereizt und die Esslust angeregt wird. Längst ist nicht mehr drin, was draufsteht. Lassen Sie sich lieber Ihren selbst gemachten Kartoffelsalat schmecken!

149

Genießen Sie Ihr Essen!

Genuss ist etwas sehr Wichtiges im Leben. Ohne Genuss leiden Körper und Seele. Schon Friedrich Schiller lehrte uns: „Wer nicht genießt, wird ungenießbar." Wer jedoch Übergewicht hat, entwickelt allzu leicht ein gestörtes Verhältnis zum Essen. Jahrelanger Kampf gegen das Gewicht, unzählige Diäten und die Angewohnheit, Lebensmittel in „gut" und „schlecht" oder „kalorienreich" und „light" einzuteilen, hinterlassen deutliche Spuren im Essverhalten. Das schlechte Gewissen lauert dann überall.

Egal wie viel Sie wiegen: Denken Sie immer daran, dass Essen ein elementares menschliches Bedürfnis ist. Sie dürfen nicht nur essen – Sie müssen sogar essen. Und zwar Speisen, die Ihnen schmecken und die Ihren Körper nähren, ohne sich dauernd den Kopf zu zerbrechen, wie viele Kalorien etwas hat oder ob es angeblich dick macht oder „erlaubt" ist. Die Werbung haut in die falsche Kerbe, sie manipuliert uns mit ausgedünnten Nahrungsmitteln, die diesen Namen kaum verdienen, und wirbt mit dem Slogan „Du darfst". Welche Täuschung! Kein Mensch nimmt vom normalen Essen zu. Da gibt es ganz andere Faktoren, um die man sich kümmern sollte. Was auch immer Sie sich auf den Teller legen, essen Sie bewusst, spüren Sie, wie Sie ihren Körper nähren und wie er durch die Nahrung Kraft schöpft.

Vor allem: Genießen Sie – ganz gleich, was Sie essen. Aber finden Sie das rechte Maß.

Gute Nacht – schlafen Sie gut

Können Sie gut einschlafen? Fast jeder hat irgendwann in seinem Leben Schwierigkeiten damit. Eigentlich möchte man erholsam schlafen und wieder neue Kraft auftanken, aber Körper oder Geist (oder beide) wollen einfach nicht zur Ruhe kommen. Um das „mentale Abschalten" zu erleichtern, können Sie einmal folgende Übung ausprobieren:

Legen Sie sich zum Einschlafen auf den Rücken und strecken Sie alle Viere von sich. Schließen Sie die Augen und beobachten Sie, wie Sie ganz von selbst atmen, ohne dass Sie sich einmischen. Spannen Sie nun die Füße vier, fünf Sekunden an und lassen Sie wieder los. Dann kommen die Unterschenkel dran, die Oberschenkel und das Gesäß. Gehen Sie auf diese Weise durch den ganzen Körper. Nachdem Sie Ihr Gesicht angespannt und wieder losgelassen haben, achten Sie auf Ihren Atem und stellen Sie sich vor, wie mit jedem Ausatmen ein Stückchen Anspannung den Körper verlässt.

Um sich beim Einschlafen von lästigen Gedanken zu lösen, helfen beruhigende mentale Bilder: Sie blicken auf einen ruhigen See, die Oberfläche ist ganz glatt und klar. Für jeden Gedanken, der auftaucht, setzen Sie ein kleines Boot aufs Wasser. Sehen und spüren Sie, wie die Boote sich langsam entfernen und übers Wasser von Ihnen treiben. Schließlich zieht ein angenehm kühler Nebel auf, der sie umhüllt und den Blick auf den See verschwimmen lässt …

Halten Sie sich auf Trab

Nein, ich meine nicht noch mehr Hetze und Hektik! Ich meine auch nicht, dass Sie sich noch mehr aufhalsen sollen, als Sie ohnehin schon haben. Was ich meine, ist regelmäßige Bewegung wie Spazierengehen oder Walken mit oder ohne Stöcke. Wer fit genug ist, mag vielleicht das Joggen. Evolutionär gesehen hat Bewegung eine herausragende Bedeutung. Bis vor wenigen Jahrzehnten haben die Menschen täglich Ausdauersport getrieben – nur haben sie es nicht so genannt. Sie haben dafür auch keine Turnschuhe angezogen. Zehn bis zwanzig Kilometer täglich waren noch zu Zeiten unserer Urgroßeltern das Normalmaß.

Wenn ich Ihnen tägliche Bewegung empfehle, dann nicht, damit Sie möglichst viele Kalorien verbrennen, und schon gar nicht, damit Sie sich dafür mehr Leckereien gönnen. Diese Milchmädchenrechnung geht niemals auf. Vielmehr halten Sie damit Herz und Kreislauf in Schwung, reduzieren die Stresshormone, kurbeln den Fettstoffwechsel an und stärken Ihre Muskeln.

Ihre Belohnung dafür ist fürstlich: Gesundheit und Lebensfreude. Aber betrachten Sie Ihre tägliche Bewegung nicht als Pflichtübung oder als zusätzlichen Posten auf Ihrer To-do-Liste, sonst ist das Scheitern vorprogrammiert und der positive Effekt verpufft wie alle guten Vorsätze. Sehen Sie Bewegung vielmehr als Ihre persönliche Belohnung für die getane Arbeit und als etwas Gutes, das Sie nur für sich selbst tun.

Ich bin dann mal weg

Wachstum heißt das Zauberwort. Ohne ständiges Wachstum kein Wohlstand. Ökonomen werden nicht müde, uns dies gebetsmühlenartig zu predigen. Die Produkte der Industrie werden immer perfekter und die Herstellungsmethoden effizienter. Zudem müssen die Zahlen stimmen, die Kosten gesenkt und die Verkaufszahlen gesteigert werden. Die Menschen, die all dies erfinden, produzieren, weiterentwickeln und verkaufen, müssen demzufolge immer besser, effektiver und belastbarer werden. Irgendwann kann dies den stärksten Kerl und die fleißigste Frau in die Knie zwingen. Dann reicht's und der Körper zieht die Notbremse: Hörsturz, Hexenschuss, Herzinfarkt, Schlaganfall, Depression, Burnout – der Körper hat viele Register, die er ziehen kann. Dies geschieht nicht aus heiterem Himmel. Nur werden die Hilferufe des Körpers, die der Notbremse vorausgehen, oft nicht gehört, nicht ernst genommen oder einfach übergangen.

Wohl niemand würde ein aufleuchtendes Warnsignal im Auto einfach ignorieren. Hören Sie auf Ihren Körper, wenn er signalisiert: „Pause! Genug für heute. Ohne mich. Ich bin dann mal weg." Sie müssen nicht alles hinschmeißen und Aussteiger werden. Das rechte Maß zu finden und rechtzeitig eine Pause einzulegen, kann bereits die Rettung für den Moment sein. Zuständig dafür sind nur Sie selbst, das ist Chefsache. Diese Verantwortung können nur Sie selbst übernehmen.

Laden Sie rechtzeitig Ihren Akku auf

Burnout mit all seinen Vorstufen schickt sich an, zu einer Volkskrankheit zu werden. Gefährdet sind besonders Menschen, die leistungsbereit sind und mit Herzblut ihren Tätigkeiten nachgehen. Alle Leistungsreserven werden ausgepackt und es macht Spaß, viel zu leisten. Die Akkus wieder aufzuladen ist ein Luxus, den man sich nicht leisten will. 150 Prozent zu geben, wird zur normalen Messlatte. Viele halten dies jahrelang durch, aber irgendwann schwinden die Kräfte. Dann wird die Anstrengung erhöht, um den Leistungslevel zu halten. Resultat: Die Akkus leeren sich umso schneller. Freie Wochenenden oder Urlaub gönnt man sich selten oder viel zu kurz. Die körperlichen und psychischen Kräfte drohen zu erlöschen.

Hat man es so weit kommen lassen, fehlt oft die Energie, das Ruder herumzureißen und die nötigen Änderungen im Lebensstil vorzunehmen und sich selbst zu helfen. Schlimmstenfalls muss dies dann der Notarzt übernehmen. Zudem haben sich meist Sachzwänge aufgebaut, die es einem vermeintlich nicht mehr erlauben, aus dem Hamsterrad auszusteigen.

Lassen Sie es nicht so weit kommen! Achten Sie früh auf Signale und beweisen Sie Ihre Intelligenz dadurch, dass Sie Ihre Gesundheit wichtiger nehmen als Pflichterfüllung oder finanziellen Erfolg. Familie, Freunde und Hobbys sind zuverlässige Ladestationen. Laden Sie immer rechtzeitig Ihren Akku auf!

Lassen Sie sich nicht „verlighten"

Es klingt wie ein Märchen. Genuss ohne Reue: Süßstoffe machen zwar süß, haben aber keine Kalorien. Deshalb macht das Süße auch nicht dick. So weit die Versprechungen der Genussmittelindustrie. Die Realität sieht anderes aus: Wissenschaftliche Versuche beweisen, dass Tiere, deren Nahrung mit Süßstoff gesüßt ist, mehr zunehmen als andere, die zuckersüße Nahrung fressen. Süßstoffe bringen den Stoffwechsel des Körpers durcheinander, das weiß man heute. Bei regelmäßigem Genuss fährt die Verdauung runter, die Nährstoffe werden schlechter verwertet und der Körper verlangt nach mehr. Gewichtszunahme bis hin zur Fettsucht wird dadurch ausgelöst.

Auch fettreduzierte Nahrungsmittel sind keine Lösung. Der gute Wille wird zum Bumerang: Fettarme Lightprodukte „verlighten" im Vergleich zu vollwertigen Produkten dazu, fast 30 Prozent mehr Kalorien aufzunehmen. Übergewichtige Menschen trifft dieses industrielle Täuschungsmanöver besonders hart, denn sie nehmen dadurch bis zu 45 Prozent mehr Kalorien auf als mit herkömmlicher Nahrung, so das Resultat verschiedener Studien. Unser Körper lässt sich nicht austricksen, schon gar nicht von kalorienreduzierter Lightkost. Er holt sich die Kalorien, die er braucht, und unterm Strich wird dadurch mehr gegessen.

Passen Sie auf: Lassen Sie sich nicht „verlighten". Vom normalen Sattessen ist noch keiner dick geworden.

Leben Sie taktvoll

Fühlen Sie sich manchmal kraftlos und ausgebrannt? Ist Ihnen alles zu viel und zu hektisch? Vielleicht haben Sie öfter das Gefühl, aus dem Takt und regelrecht ins Straucheln gekommen zu sein? All diese Symptome können ein Hinweis darauf sein, dass Sie gegen Ihren inneren Rhythmus leben. Dieser wird häufig ignoriert, was ein fataler Fehler ist mit weitreichenden Folgen – bis hin zu Unfällen und chronischen Erkrankungen. Zyklische Naturgesetze des Werdens und Vergehens, des Erwachens und Verblühens gelten auch für uns Menschen – insbesondere als Voraussetzung für Erfolg, Gesundheit, Glück und Energie.

Sind Sie eine Eule, dann erlauben Sie sich, den Tag später anzugehen. Lerchen sollten auf die Spätnachrichten verzichten und dafür die frühen Morgenstunden aktiv nutzen. Brauchen Sie nach 60, 90 oder 120 Minuten eine Pause oder etwas zu trinken? Finden Sie den für Sie passenden Tagesrhythmus heraus und sorgen Sie nach Möglichkeit dafür, danach leben zu können. Das ist vielleicht nicht immer einfach, aber Ihrer Gesundheit sind die sogenannten Sachzwänge egal.

Vielleicht haben Sie auch gar keinen strikten, sondern einen Ereignis-Rhythmus. Das heißt, sich von den realen Ereignissen in Ihrem Tagesablauf lenken zu lassen. Dann müssen Sie besonders gut auf sich aufpassen. Leben Sie authentisch und sorgen Sie dafür, nach IHREM inneren Takt zu leben.

Machen wir es kurz: So leben Sie länger

Alt werden – vor allem gesund alt werden – wünscht sich wohl jeder. Die gute Nachricht lautet: Die Hauptgaranten dafür haben wir selbst in der Hand. Um es gleich vorwegzunehmen: Sport, „gesunde" Ernährung oder Nichtrauchen rangieren auf der Hitliste für ein langes Leben unter „ferner liefen". Wissenschaftler haben es erforscht. Ganz oben auf der Liste stehen (hätten Sie's gedacht?) befriedigende soziale Kontakte, dass man sich meistens einig ist und mit seinen Mitmenschen wohlfühlt. Dies wirkt sich positiv auf den Hormonhaushalt, das Herz-Kreislauf-System oder das Immunsystem aus, stellten die Forscher fest.

Auch ganz oben auf der Liste ist Bewegung zu finden. Wohlbemerkt kein Sport, aber täglich gut unterwegs zu sein, zu Fuß oder mit dem Rad, ist ein wahrer Jungbrunnen. Regelmäßige Bewegung hilft, die körpereigenen Abwehrkräfte zu stärken und Stress-Symptome zu senken, und sie ist gut für ein gesundes Herz. Einen großen Einfluss hat auch das Erbgut. Wurden die Eltern alt, überträgt sich das oft auf die Nachkommen. 85 Prozent aller Faktoren für ein langes, gesundes Leben sind damit bereits erfüllt.

Okay, auf das Erbgut haben Sie keinen Einfluss, aber es bleiben Ihnen noch mehr als genug Gestaltungsmöglichkeiten: Sorgen Sie für ein gutes Miteinander in Ihrer Familie und in Ihrem Umfeld, bewegen Sie sich mäßig, aber regelmäßig, damit Sie lange und gesund leben.

Mensch ärgere dich nicht

Wie steht es mit Ihrer Frusttoleranz? Sind Sie schnell auf 180? Wie reagieren Sie, wenn Sie beim Mensch-ärgere-dich-nicht-Spiel rausgeworfen werden? Manche Menschen schimpfen über alles und jeden. Andere wiederum gehen gelassener mit widrigen Situationen um. Natürlich ist das zunächst einmal eine Frage des Menschentyps: Da gibt es das „HB-Männchen", das immer gleich in die Luft geht, oder das Gegenmodell, das stattdessen den „toten Käfer" macht und alles (äußerlich) klaglos über sich ergehen lässt. Sympathikotoniker und Vagotoniker werden diese Typen in der Fachsprache genannt.

Um es gleich vorwegzunehmen: Beides ist nicht der wahre Jakob und wirklich gesund ist auf Dauer keine der beiden Reaktionen. Die Prägung für den jeweiligen Typ ist einerseits von der genetischen Veranlagung, andererseits von Erziehung und Umgebung abhängig. Diese Faktoren bringen eine sehr unterschiedliche Reaktionsbereitschaft mit sich.

Ärger ist ja im Grunde ein normales Gefühl, und ihn nach außen zu lassen, hat durchaus positive Aspekte. Gut ist vor allem, seine negativen Gefühle bewusst wahrzunehmen. Auch den Ärger erst einmal zuzulassen, anstatt die nervenden Dinge nur mit sich selbst auszumachen, kann anfangs eine entlastende Wirkung haben. Sich aber schnell wieder einzukriegen, darin besteht die Kunst. Diese zu beherrschen kann man lernen. Tun Sie es!

Natürliche Antidepressiva der Natur

Überleben war schon immer wichtiger als Wohlfühlen. Deshalb hat uns die Natur bestens ausgestattet mit Sensoren für Gefahren und drohendes Unheil. Mit Botenstoffen, den Stresshormonen, erhält unser Nervensystem die Anweisung zur Mobilmachung. In früheren Zeiten war dies überlebenswichtig: Gedopt mit Stresshormonen konnte der Mensch alle Kräfte mobilisieren oder seine persönliche Bestmarke beim Abhauen vor dem Säbelzahntiger noch übertreffen. Heutzutage findet Stress nur noch am Schreibtisch, im Auto oder beim Grübeln auf dem Sofa statt. Das ist dem Steinzeitüberlebensprogramm aber egal. Ein Update für das 21. Jahrhundert hat die Natur nicht vorgesehen. So überreizt unser Stresssystem oft ohne wirkliche Gefahr für Leib und Leben.

Was schnell und verlässlich hilft, sind Bewegung und Licht. Wer sich regelmäßig bewegt und Tageslicht tankt, produziert Antistresshormone. Eine halbe Stunde täglich gehen, möglichst im Freien, kann Wunder bewirken. Das Wohlfühlhormon Serotonin wird angeregt, was für Entspannung sorgt, depressive Verstimmungen, sogar Schmerzen reduziert und uns mit Wohlgefühl versorgt. Wenn Sie richtig Gas geben, können sogar Glückshormone, Endorphine freigesetzt werden. Aber nicht nur Bewegung und Licht, auch Freunde, Berührungen oder Lächeln wirken sich auf die Serotoninproduktion aus. Die Natur hat uns reichlich mit natürlichen Antidepressiva ausgestattet. Nutzen Sie diese!

Niemals krank ist auch nicht gesund

Es hört sich vielleicht im ersten Moment merkwürdig an, aber es ist wahr: Jedes Kind braucht ein gewisses Maß an Kinderkrankheiten, damit sich sein Immunsystem aufbauen und stabilisieren kann. So wachsen die Widerstandskräfte. Kinderkrankheiten sind unersetzbar für die körperliche und geistige Entwicklung des Kindes.

Auch wir Erwachsene können letztendlich von Krankheit profitieren, wenn wir sie als Wegweiser akzeptieren. Jedes Krankheitsgeschehen weist auch auf den engen Zusammenhang zwischen der seelischen Verfassung und dem Körper hin. Schon eine banale Erkältung kann uns mit der Nase darauf stoßen, dass wir uns vielleicht zu wenige Ruhepausen oder Regeneration gegönnt haben. Unser Körper hat ein feines Gespür dafür. Und was tun wir dann? Nehmen wir diese Hinweise dankbar an? Oder versuchen wir vielmehr, die lästige Gesundheitsstörung zu bekämpfen oder zu ignorieren? Manchmal kommt jemand sprichwörtlich mit dem Kopf unter dem Arm noch zur Arbeit. Machen Sie sich klar, welche Ignoranz dies Ihrem Körper gegenüber ist. Jede Krankheit hat ihre Ursache und ihren Sinn.

Wenn es Sie schon erwischt hat: Hören Sie auf Ihren Körper und fragen Sie sich, was Sie jetzt brauchen. Gestehen Sie sich zu, dass auch Sie nicht unsterblich sind. Dann hat die Krankheit ihren Sinn erfüllt und Sie gehen nach der Genesung gestärkt daraus hervor.

Ohne Bewegung ist alles nichts

„Sie sollten sich mehr bewegen." Wahrscheinlich wird dieser Satz täglich millionenfach in Arztpraxen ausgesprochen. Dabei merkt man oft selbst: Früher war man sportlicher, beweglicher, ging vielleicht regelmäßig ins Fitnessstudio oder war öfter mit dem Rad unterwegs. Oder ganz früher, als man Squash, Tennis oder mit Leidenschaft Fußball gespielt hat. Heute gehören Sie vielleicht zu den Bewegungsarmen, gefährdet von Zivilisationserkrankungen wie – stopp! Ich will Ihnen nicht drohen, aber auch keine guten Vorsätze wie „Ich werde ab sofort jeden Abend eine Stunde joggen" oder „Ich gehe jetzt wieder dreimal in der Woche ins Fitnessstudio" hören. Bekanntlich ist der Weg zur Hölle mit guten Vorsätzen gepflastert.

Viel Erfolg versprechender sind die kleinen Chancen auf dauerhafte körperliche Bewegung in Ihrem beruflichen oder privaten Alltag: die Treppe statt den Lift benutzen, bei annehmbarem Wetter mit dem Fahrrad zur Arbeit fahren oder, wenn Sie öffentliche Verkehrsmittel nehmen, mal eine Station früher aussteigen und den Rest zu Fuß gehen. Das tut Körper und Seele gut! Auf Schopenhauer geht der Ausspruch zurück: „Bewegung ist nicht alles, aber ohne Bewegung ist alles nichts." Viele wissenschaftliche Studien zeigen, dass über den normalen Tag verteilte Bewegung gesünder ist als intensiver Sport an zwei oder drei Abenden pro Woche. Machen Sie sich zum Motto: Jeder Schritt hält fit.

161

Sagen Sie „Stopp" zum süßen Brei

Können Sie sich gut abgrenzen? Gegen zu viel Anforderungen, die an Sie gestellt werden, die Informationsflut von Internet und Facebook oder gegen Verlockungen und Verführungen aus dem heutigen Schlaraffenland? Vielleicht haben Sie viel zu viele Töpfe auf dem Herd stehen, die überzukochen drohen.

Kennen Sie das Märchen „Der süße Brei"? Darin kocht ein Wundertopf auf das Kommando „Töpfchen, koch!" guten, süßen Hirsebrei und erst wenn man „Töpfchen, steh!" sagt, hört es auf. Als das Mädchen, dem das Töpfchen gehört, einmal weg ist und das Stoppwort nicht sagen kann, füllt sich das ganze Haus und die ganze Straße mit süßem Brei. Erst als das Mädchen zurückkommt und die erlösenden Worte „Töpfchen, steh!" spricht, findet der Spuk ein Ende.

Unser heutiges Leben gleicht dem Topf, der nicht mehr aufhört zu kochen. Deshalb braucht jeder dringend ein Stoppwort. Sagen Sie das Zauberwort „Stopp" immer dann, wenn Sie merken, dass etwas überzukochen droht. Sagen Sie „Stopp" beim Essen und Trinken, beim Surfen oder Shoppen im Internet, beim Facebooken, beim Annehmen von Aufgaben und Verpflichtungen, beim Konsumieren oder wenn Sie sich wieder einmal zu viele und vielleicht unnötige Sorgen machen. Nehmen Sie sich zum Leitspruch: „Weniger ist mehr!" Wenn Sie in unserer heutigen Zeit immer die Hälfte von allem nehmen, haben Sie weit mehr als genug.

Schönen Tag noch

Leiden Sie öfter unter negativen Gedanken? Dann kann ich Ihnen ein erstaunlich einfaches und zugleich äußerst wirkungsvolles Gegenmittel nennen: Komplimente und Freundlichkeiten. Sagen Sie Ihren Mitmenschen etwas Positives. Ihrem Partner, ihren Kindern, Nachbarn, der Kassiererin im Supermarkt. Wenn man will, findet man immer etwas Nettes. Es müssen auch nicht immer die großen Ansprachen sein. Schon kleine Höflichkeitsworte wie „Danke", „Bitte" oder „Schönen Tag noch" verbessern das zwischenmenschliche Klima spürbar. Ein einfacher Satz wie „Das war aber nett, dass du mir die Kiste hereingetragen hast" kann Ihrem Partner den Tag verschönern oder „Prima, dass heute nicht so viel Betrieb ist" zaubert vielleicht der Verkäuferin ein Lächeln auf die Lippen.

„Was habe ich davon?", könnten Sie sich jetzt fragen. „Warum soll ich zu anderen nett sein, die sind es ja auch nicht zu mir?" Ganz einfach: damit es Ihnen besser geht. Sie können miesepetrig durchs Leben gehen, das ist Ihr gutes Recht. Sie können auch Gott und der Welt grollen, aber die Konsequenzen daraus müssen Sie selbst ausbaden, denn der Groll findet in IHREM Bauch statt!

Es gibt keinen einzigen Gedanken, der außerhalb Ihres Körpers gedacht wird. Somit verursacht jeder Gedanke eine Körperreaktion. Passen Sie auf, was Sie denken – es geht um nichts Geringeres als um Ihre Gesundheit!

Seelische Schmerzen sind körperliche Schmerzen

Seelische Verletzungen tun weh. Das wurde jetzt auch wissenschaftlich erforscht. Bei einer Studie aus dem letzten Jahr zeigte sich, dass psychische und körperliche Schmerzen in denselben Bereichen des Gehirns stattfinden. Dazu wurden 40 Personen untersucht, die in den letzten sechs Monaten ungewollte Trennungen verkraften mussten. Alle gaben an, sich extrem verletzt zu fühlen.

Im ersten Teil der Studie bekamen sie Fotos des Ex-Partners gezeigt und mussten an das Gefühl bei der Trennung denken. Im zweiten Teil setzte man am Unterarm eine Hitzesonde an, die einen schmerzhaften Reiz wie von einer zu heißen Kaffeetasse verursachte. Die Auswertung der Hirnscans zeigte eine Stimulation jeweils derselben Bereiche im Gehirn: im somatosensorischen Kortex, wo Sinnesreize verarbeitet werden, und im insulären Kortex, wo die Intensität des Schmerzreizes wahrgenommen wird. Resümee der Studie: „Starke Gefühle der sozialen Ablehnung aktivieren Regionen im Gehirn, die auch für das Gefühl des körperlichen Schmerzes zuständig sind."

Denken Sie immer daran, wie verletzend schon unbedacht ausgesprochene Worte sein können, und gehen Sie sorgsam damit um. Fragen Sie sich im Zweifelsfall, wie die Worte auf Sie selbst wirken würden. Fühlen Sie sich durch Worte und Taten verletzt, suchen Sie nach einer Haltung, die Ihnen hilft, möglichst schmerzfrei davonzukommen.

Sport ist Mord

Mit letzter Kraft taumelt der Marathonläufer durchs Ziel, völlig entkräftet bricht er zusammen. Oder denken wir gar an den Triathleten, der nach 3,8 km Schwimmen und 180 km Radfahren noch einen 42-km-Lauf draufsetzt. Jeder Mediziner wird bestätigen, dass Leistungssport nicht unbedingt gesund ist.

Für Otto Normalverbraucher muss es also gar kein Triathlon sein. Schon täglich eine halbe Stunde Bewegung bei mäßiger Anstrengung bewirkt nachweislich wahre Wunder für unsere Gesundheit. Noch zu Zeiten unserer Urgroßeltern haben fast alle Menschen tagtäglich Sport getrieben. Nur haben sie es nicht so genannt: Sie gingen auf den Acker oder haben Holz gemacht oder liefen kilometerweit zur Arbeit. Bis vor wenigen Generationen mussten sich die Menschen bewegen, um zu überleben. Unsere Lebensbedingungen haben sich gravierend verändert – aber nicht unsere Biologie. Wenn wir dem Körper die Bewegung vorenthalten, die den Stoffwechsel und den Hormonfluss anregt, stellen sich bald Übergewicht und Krankheit ein. Nutzen Sie Ihre Intelligenz nicht nur für die Leistungssteigerung in Ihrem Beruf, sondern auch für Ihre Lebensführung. Bringen Sie mehr Bewegung in Ihr Leben. Fahren Sie z. B. mit dem Fahrrad zur Arbeit oder machen Sie Erledigungen mal zu Fuß.

Es bleibt Ihnen selbst überlassen, welchen Weg Sie finden, Bewegung in Ihr Leben zu bringen. Aber bitte finden Sie ihn!

Stress? Hacken Sie Holz!

Stress ist allgegenwärtig und nicht immer zu vermeiden. Ich gebe Ihnen einen guten Rat: 10 Minuten Holz hacken hilft immer. Aber vermutlich haben Sie nicht immer einen Klafter Holz und ein Beil zur Hand. Dann ziehen Sie die Schuhe an und laufen mal ums Karree oder schwingen Sie sich auf Ihren Hometrainer und radeln 10, 15 Minuten nach Leibeskräften.

Wichtig ist, nicht lange damit zu warten, sondern mit dem „Holzhacken" zu beginnen, sobald der Stress in Ihnen hochsteigt. Jagen Sie Ihren Puls hoch – nicht zu hoch, aber doch so hoch, dass Sie für kurze Zeit den Stressauslöser vergessen, weil Sie sich auf Ihren Körper konzentrieren müssen. Bewegen Sie sich, üben Sie Kraft aus und atmen Sie dabei möglichst viel frische Luft. Ideal, wenn Sie sich danach durchgerüttelt und durchgepustet fühlen. Die Probleme sind dann zwar immer noch dieselben wie vorher, aber Sie sind ein anderer geworden und gehen entsprechend anders damit um.

Stress bedeutet immer Adrenalinausschüttung, und Adrenalin ist wie eine Droge, die uns schlagartig wach macht. Gleichzeitig blockiert es aber leider unser Denken und schlägt Kerben in die Blutgefäße. Die gute Nachricht: Adrenalin hat eine Halbwertszeit von ca. 3 Minuten. Danach sind wir praktisch stressfrei, wenn wir nicht weiter für Nachschub sorgen.

Trotz Sorgen gut schlafen

Schlafen Sie schlecht? Jeder zweite Deutsche hat Einschlafprobleme. Einige brauchen ewig, bis sie einschlafen. Andere wachen nachts auf und finden stundenlang keinen Schlaf mehr. Seine Sorgen und Ängste kann man leider nicht an der Schlafzimmertür abgeben. Wer kennt das nicht: Man wälzt sich ruhelos im Bett herum, grübelt und grübelt und der entlastende Schlaf will sich nicht einstellen. Stunde für Stunde verstreicht. Man malt sich aus, wie zerschlagen man sich am Morgen fühlen wird, wo man doch fit sein müsste. Morgens steht man wie gerädert auf.

Was kann man tun? Kämpfen Sie nicht dagegen an. Akzeptieren Sie, dass Ihr Körper nicht gleich zur Ruhe kommen kann. Haben Sie Verständnis dafür, dass Ihr Verstand noch verzweifelt versucht, Lösungen für Ihre Probleme zu finden. Dummerweise malt er sich auch gerne Horrorbilder vom dem aus, was alles passieren könnte. Diese negativen Gedanken können Sie zwar nicht verhindern, aber Sie sind auch nicht verpflichtet, sie weiter zu denken. Stellen Sie sich einen Abstellknopf oder eine Stopptaste vor, die Sie in solchen Momenten drücken. Wie ein Buzzer, den Sie von Quizsendungen kennen. Erteilen Sie sich Grübelverbot. Sagen Sie sich: „Gedanken stopp, falscher Zeitpunkt. Darum kümmere ich mich morgen. Jetzt wird erst mal geschlafen."

Was immer gut tut: Achten Sie auf Ihren Atemrhythmus, ohne sich einzumischen, und vertrauen Sie Ihrem Körper.

Übergewicht – alles nur Willenssache?

War man zu Großelternzeiten noch froh, etwas zum Zusetzen auf den Rippen zu haben, wird heutzutage jede Speckfalte zum Gesundheitsfeind Nummer eins erklärt. In unserer Leistungsgesellschaft ist Übergewicht ein Makel, mit der Unterstellung, der Übergewichtige habe nicht genug Charakter, sich gegen den inneren Schweinehund zu behaupten. Dies ignoriert völlig, was Hirnforscher herausgefunden haben: Chronischer Stress und Dauerbelastungen verändern die Körperchemie und sind damit die Hauptfaktoren für Übergewicht. Dies ist ein intelligenter Anpassungsmechanismus des Körpers, um schlimme Stressschäden zu kompensieren. Dieser Vorgang entzieht sich völlig unserer Willenskraft. Deshalb sind alle üblichen Maßnahmen, das Übergewicht zu bekämpfen, auf Dauer wirkungslos und schaden mehr, als sie nutzen. Was kann man stattdessen tun?

Auch wenn es der Nahrungsmittel- und pharmazeutischen Industrie nicht gefällt: Die einzig sinnvolle Maßnahme, um dauerhaft Gewicht zu reduzieren, ist eine Verhaltenstherapie. Damit lassen sich die Ursachen für das Übergewicht bearbeiten, anstatt nur das Symptom zu bekämpfen. Allerdings ist dies nicht jedermanns Sache. Viele glauben lieber den Versprechungen, man müsse nur das richtige Rezept oder gar die richtigen Tricks einsetzen, um sein Übergewicht dauerhaft loszuwerden. Eine ganze Industrie lebt nicht schlecht davon. Entscheiden Sie selbst, auf welches Pferd Sie setzen.

Vermeiden Sie die Kortisolfalle

Die medizinische Forschung hat herausgefunden, dass Übergewicht mehr auf Stress zurückzuführen ist als auf falsche Ernährung. Jeder Gedanke löst im Körper Reaktionen des vegetativen Nervensystems aus. Darauf haben wir willentlich keinen Einfluss. Gefühle, die daraus entstehen, empfinden wir als belastend oder wohltuend. Dabei ist es nicht die Situation selbst, die uns erfreut oder zu schaffen macht, sondern unsere Wahrnehmung und Bewertung der Situation. Finden wir sie bedrohlich, aktiviert das Nervensystem den Energiehaushalt. Dafür werden Stresshormone ausgeschüttet. Neben Adrenalin ist es insbesondere Kortisol, das den Energiehaushalt reguliert über die Menge an Zucker, die ins Blut geschickt wird. Egal was oder wie viel wir gegessen haben.

Erleben wir ständig belastende Gefühle, reguliert sich der Kortisolspiegel nach oben und wir bekommen permanent mehr Zucker ins Blut, als wir körperlich verbrauchen. Der Überschuss wird in Fettzellen angelegt. Wir kennen das: Muss jemand länger das Medikament Kortison nehmen, nimmt er zu – ohne mehr zu essen. Dazu kommt, dass wir bei Belastungen größeren psychischen Hunger verspüren. Dauerhaftes Abnehmen gelingt nur über eine Senkung des Stresspegels. Verhaltenstraining mit Hypnose und Klopfen ist dafür ein sehr wirksames Hilfsmittel.

Wenn die Augen größer als der Magen sind

Auch Sprichwörter können irreführend sein. So stimmt die Aussage nämlich nicht. Vielmehr ist der optische Eindruck eine gute Kontrolle für die Essmenge. Die Art und Weise, wie viele essen, hat ihre Tücken. Sie hören erst auf, wenn sie das Gefühl haben, es reicht, oder die gewohnte Menge verzehrt haben oder sich ein Sättigungsgefühl einstellt. Dabei wird mehr gegessen, als einem gut tut. Stehen viele Platten und Schüsseln auf dem Tisch, ist die Gefahr groß, sich öfter nachzunehmen und so den Gesamtüberblick zu verlieren. Manch einer wäre erschrocken, würde man ihm nach dem Essen seine Verzehrmenge vor Augen führen.

Mein Tipp: Geben Sie Ihren Augen und Ihrer Vernunft die Möglichkeit, die Gesamtmenge Ihrer Mahlzeit auf einen Blick zu sehen. Legen Sie alles, was Sie essen möchten, auf einen Teller. Am besten in der Küche zubereiten und nur diesen Teller auf den Tisch stellen. Aber Vorsicht: Betrügen Sie sich nicht selbst mit einem zu großen Teller. Glauben Sie mir, auf einen kleinen passt genug. Das gleiche gilt übrigens auch für Kekse & Co. Essen Sie diese niemals direkt aus der Packung. Legen Sie die gewünschte Menge auf einen Teller und räumen Sie die Packung weg.

Ein guter Rat zum Schluss: Essen Sie langsam, kauen Sie gut und genießen Sie. Satt werden wir nicht nur von der Essmenge, sondern vor allem vom Genuss und dem Gefühl der Befriedigung.

170

Wenn der Schreck noch in den Knochen steckt

Leiden Sie oft unter Schmerzen? Damit meine ich sowohl körperliche als auch seelische Schmerzen, die sowieso meist Hand in Hand gehen. Die Schmerzforschung hat eine interessante Entdeckung gemacht: Wird ein Nerv gereizt, „feuert" er. Klar. Reizt man jedoch eine Nervenzelle sehr intensiv oder zu häufig, verselbstständigt sich diese Reaktion. Der Nerv fängt ein „Dauerfeuer" an, ohne weiteren Reiz von außen. Also Schmerz ohne erkennbaren Anlass. Das erklärt Phänomene wie den Phantomschmerz, der in Gliedmaßen entsteht, wenn diese etwa nach einer Amputation fehlen. Ein zu großer Schreck oder übermäßige seelische Belastungen überschwemmen das Nervensystem mit Stresshormonen. Auch wenn die Gefahr längst vorbei ist, bleibt der Körper chronisch erschrocken. Man könnte hier von einem Phantomschmerz der Seele sprechen, der „in den Knochen stecken geblieben" ist. Da man gewohnt ist, dass sich negative Empfindungen von alleine wieder abbauen, verursachen die „feststeckenden" Emotionen ein Gefühl von Hilflosigkeit. Bewusst oder unbewusst flüchten sich die Betroffenen in Ablenkungen. Dies ist die Brutstätte für alle möglichen Süchte, wozu auch exzessiv betriebener Sport oder übermäßiges Arbeiten zählen.

Holen Sie sich bei Bedarf professionelle Hilfe. Die moderne Therapie und das Coaching kennen inzwischen Techniken, die spürbar helfen und Störfelder verlässlich beseitigen.

Zeit heilt nicht alle Wunden

In meinen Seminaren mache ich oft eine Übung: Jeder stellt sich einen Rucksack vor, den er auf dem Rücken trägt. Darin sind alle belastenden Gefühle aus der Vergangenheit, die immer noch aktiv sind. Wenn spürbar wird, wie schwer diese heute noch wiegen, weise ich darauf hin, dass wir diesen Rucksack freiwillig mit uns herumtragen, als wären wertvolle Schätze darin. Niemand kann uns daran hindern, ihn auszumisten.

Wohlgemerkt, in dem Rucksack sind nicht die Ereignisse der Vergangenheit, sondern die negativen Gefühle dazu. Es handelt sich dabei um Dinge, die wir anderen Menschen noch nachtragen oder uns selbst. Haben Sie das Wort „nachtragen" aufmerksam gelesen? Man kann es wörtlich nehmen: „Ich trage etwas nach." Also: Wer trägt es? Ich! Selbst dann, wenn ein anderer der Verursacher war. Aber auch als eigener Urheber trägt man längst Vergangenes hinter sich selbst her. In dem Gefühlsrucksack wird es durch das lange Tragen nicht besser.

Im Leben geht es auf und ab. „Gute Zeiten – schlechte Zeiten" würde das im Fernsehen heißen. Erst wenn Sie das Geschehene annehmen, können Sie es loslassen. Um das zu demonstrieren, halte ich manchmal einem Klienten einen Stift hin und fordere ihn auf, diesen loszulassen. Erst wenn er ihn annimmt, ist ihm das möglich. Nur wenn Sie Ja zur Vergangenheit sagen, können Sie auch Ja zur Zukunft sagen.

Besonderen Dank aussprechen möchte ich

– meiner Lektorin Ines Balcik, die es auf wunderbare Weise versteht, meine Texte so geradezubügeln, dass sie sich leicht lesen und verstehen lassen. Als langjährige Teilnehmerin meiner Kurse kennt sie zudem meine Arbeit genau und leistet seit vielen Jahren wertvolle Unterstützung bei meinen Publikationen.
www.ib-klartext.de

– meinem Freund Jacques Oerter, Allroundkünstler, Maler, Bildhauer, Sänger, Komödiant und Entertainer, der bei der künstlerischen Gestaltung des Buches großartig Hand angelegt hat. Ich freue mich, ihn immer an meiner Seite zu wissen, wenn es darauf ankommt.
www.nostalgie-pur.de

– meiner Grafikerin Nadine Gast, die seit Jahren für das Design meiner Prospekte, Anzeigen und Drucksachen verantwortlich ist und die das Layout des Buches ausgearbeitet hat.
www.sawosch-media.de

– meiner Verlegerin Christina Schmitt, Geschäftsführerin von TRIGA – Der Verlag in Gelnhausen, für die professionelle und unkomplizierte Zusammenarbeit bei der Veröffentlichung des Buches.
www.triga-der-verlag.de

– den weit über 4.000 Teilnehmerinnen und Teilnehmern meiner Kurse, Seminare und Einzelcoachings, die mir ihr Vertrauen schenkten und die ich ein Stück auf ihren individuellen Wegen in ein leichteres Leben begleiten durfte.
Von ihnen habe ich mehr gelernt als von allen Aus- und Fortbildungen und unzähliger Fachliteratur.

– nicht zuletzt, sondern am allermeisten meiner geliebten Frau Petra, die in nunmehr 45 Ehejahren verständnisvoll („Wo bist du bloß mit deinen Gedanken?") und verlässlich an meiner Seite ist und mir den Rückhalt gibt, ohne den meine engagierte Herzblutarbeit („Wie spät wird es denn heute Abend?") nicht möglich wäre.